玄武门·罗生门

泪痕春雨——著

浙江古籍出版社

图书在版编目（CIP）数据

玄武门·罗生门 / 泪痕春雨著 . — 杭州 : 浙江古籍出版社，2020.7

ISBN 978-7-5540-1762-3

Ⅰ . ①玄… Ⅱ . ①泪… Ⅲ . ①中国历史—唐代—通俗读物 Ⅳ . ① K242.09

中国版本图书馆 CIP 数据核字（2020）第 111452 号

玄武门·罗生门

泪痕春雨 著

出版发行　浙江古籍出版社
（杭州体育场路 347 号　电话：0571-85068292）
网　　址　www.zjguji.com
责任编辑　沈宗宇
插图绘制　许汉卿
责任校对　吴颖胤
封面设计　吴思璐
责任印务　楼浩凯
照　　排　杭州立飞图文制作有限公司
印　　刷　浙江海虹彩色印务有限公司
开　　本　880mm × 1230mm　1/32
印　　张　7
字　　数　135 千字
版　　次　2020 年 7 月第 1 版
印　　次　2020 年 7 月第 1 次印刷
书　　号　ISBN 978-7-5540-1762-3
定　　价　39.00 元

序言

在帝制时代结束近110年之后的今天，再去回顾和总结皇权的传承机制，是一件非常有意义的事。

虽然史籍浩繁，但是有一些历史的真相我们未必能够看到，又正因为看不到，才有无穷的魔力吸引我们去探索。

比如，《韩非子·说疑》说：“舜逼尧，禹逼舜，汤放桀，武王伐纣。此四王者，人臣弑其君者也，而天下誉之。”抛开褒贬不说，“舜逼尧，禹逼舜”正是对我们历史常识的挑战。而《竹书纪年》也说：“舜囚尧，复偃塞丹朱，使不与父相见也。”这不能不使我们怀疑，传统的尧舜禹禅让的说法，到底有多大的真实性。如果没有更过硬的史料，何者为真，我们甚至已无由判断了。造成这一现象的原因，极有可能是原始的历史档案遭到了篡改。越是远古，这种篡改就越能见成效。但是，从周代开始，统治者就已经不能为所欲为了。比如《尚书·武成》记武王伐纣，曰“血流漂杵”，就极大地挑战了“以至仁伐至不仁”的说法。所以孟子说：“尽信《书》则不如无《书》。”干脆来个拒绝相信。但是，由于《逸周书·世俘解》等旁证的存在，“血流漂杵”的历史真实，可以说是清晰可见了。

又如，《史记》记载赵高伙同李斯矫诏立胡亥为继承人，言之凿凿，两千年来从无人怀疑。但新近出土的益阳兔子山秦简记有秦二世元年诏书，言“朕奉遗诏”，北大藏西汉竹书《赵正书》甚至还有“丞相斯……请立子胡亥为代后。王曰可”这样的记录。到底何者为真？从后来扶苏自杀及蒙氏兄弟二人的遭遇来看，《史记》的记载应该是有根据的，而出土材料所反映的内容，恰恰是权力来路不正的人为了掩饰真相而制造的舆论，因为历史的真相不能违背最基本的逻辑。

历史的确是由胜利者书写的，但是胜利者也并不总是万能的。“你能在所有的时候欺骗某些人，你也能在某些时候欺骗所有的人，但是你不能在所有的时候欺骗所有的人。”回想大学时上《中国近代史》课，吴剑杰老师讲到某日光绪帝死，次日慈禧太后死，我们几位同学合理怀疑光绪帝是被毒死的，去问老师，但老师说，有医案为证，光绪帝染病已很久，与慈禧太后先后死，只是巧合。但是，2003—2006 年的研究证实，光绪帝头发中的最高砷含量 2404μg/g，是同年代、生活环境相似的成年人隆裕皇后头发砷含量（9.20μg/g）的 261 倍，是同年代成年人清代草料官头发砷含量（18.2μg/g）的 132 倍。他的确是中砒霜毒而死，他的医案是伪造的。

这里聊举数例，已可概见在历史的真实之上笼罩着多少迷雾，而要拨去这些迷雾，需要有超凡的历史担当、不俗的见识，以及强大到“惊天地，泣鬼神”的写作能力。

泪痕春雨君就是这样一位写手，他自2009年于天涯论坛连载长篇历史评论《明帝国的灭亡》之后，一直笔耕不辍，随后十年时间里，连续创作了《漫评两晋南北朝》《汉高祖刘邦》《草原争霸战》《漫评三国》《漫评南宋》《漫评残唐五代》《漫评晚唐》《漫评隋唐》等十部历史长篇评论，还有《漫评唯物史观》《笑评水浒》两部长篇作品，总字数超500万。其中《漫评三国》《漫评南宋》《漫评晚唐》在天涯论坛上的点击量突破了100万。他的多部长篇被制作成音频作品在“喜玛拉雅”“蜻蜓”上传播，其中《笑评水浒》在“蜻蜓”上的点击量突破了3000万。

他此次的选点相对集中，就是“玄武门之变”这一件事。这是一个隋唐史学者人人能言，而没人能说透的话题。唐朝一向是我们引以为自豪的历史时期，而唐太宗，因其文治武功在历代君王中不作第二人想，加之以从善如流的气度，一向是统治者中的楷模，贞观之治更是神话一般的存在。但是，“玄武门之变”却是他始终绕不过去的一道坎。

皇位继承，一直是中国古代的老大难问题。商代前期以兄终弟及为主，到商代后期，过渡到单纯的父子相继。西周开始，进一步明确为嫡长子继承制。即便如此，很早就出现了“立爱”还是“立嫡”的问题。早在周代，幽王宠褒姒，欲立其所生伯服而废太子宜臼，王位的继承引发了内乱，最终导致西周灭亡。秦朝二世而亡，除了残暴不仁，帝位的继承不正也是一个问题。汉代外戚与宦官的斗争也基本上围绕着继承人的废立问题展开，以至于到了东汉，出了非常多的傀儡儿皇帝。在更多的时代，“立贤”还是“立长”的问题，也一直困扰着历代君王。唐之前有西晋，嫡长子为白痴却以礼法得立，最终酿成八王之乱；唐之后有明，名分正当的皇长孙朱允炆与有才干的皇四子朱棣不能两全，最终引发靖难之役。这个问题，其实是建储制度的天然缺陷带来的，直到清朝雍正时期，才以不立太子、遗嘱（藏于乾清宫正大光明匾后）指定继位人的办法勉强解决。

作者详考“玄武门之变”始末及李世民、李渊、李建成、李元吉等人生平，依托《旧唐书》《新唐书》《资治通鉴》《大唐创业起居注》《贞观故事》等史料，援引周、秦、两汉、三国、两晋十六国、南北朝、隋、唐、五代、宋、明诸朝史实，落脚点则在于，在特定的历史条件下，名分所在的太子与强势亲王之间不能并立的局面是一种必然；而人君之所以培植强势亲王，不全是因为私爱，更多是出于对自身的维护、对太子的防范。如此一来，左不得，右不得，一旦势力制衡机制出现问题，必然引发悲剧。隋文帝的失败因此，唐高祖的失败也因此，尽管他们的结局略有不同，但他们作为帝王的格局、操作却大体相似。

《论语·子张》曰：“纣之不善，不如是之甚也。是以君子恶居下流，天下之恶皆归焉。”李建成的遭际则更甚。实事求是地说，把他放在其他时代，与别的太子们相比，一点也不逊色，不幸而与李世民同时且最终失败，既然历史是由后人书写的，他被写成今天我们所看到的样子，也是题中应有之义。

市面上的历史读物，大多数讲的是一朝一代，甚至一时一人的故事，即便在叙述时段上有较大的跨度，也不太注重上下勾连，而泪痕春雨君的写法，是由点及面、侧出旁见，以宽广通达的视野，比物连类，以见事见理，引发我们对隐藏在历史迷雾之下的真相的思考。

肖圣中

2020年6月2日

李世民

李渊

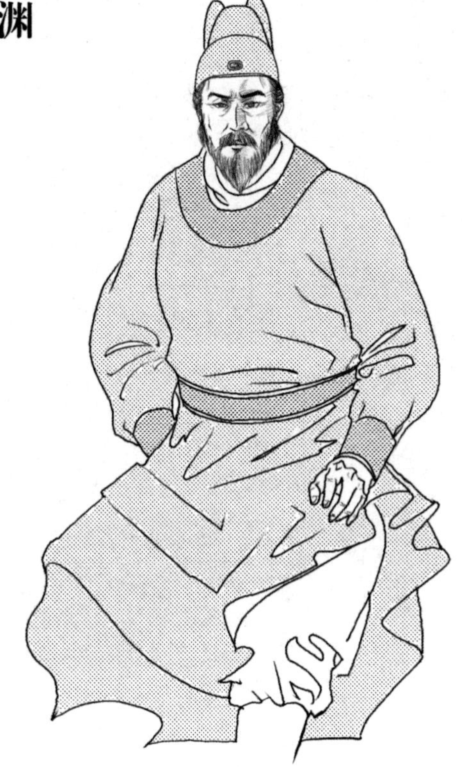

李建成

李元吉

魏征

长孙无忌

侯君集

房玄龄

杜如晦

秦琼

尉迟恭

柴 绍
平阳公主

长孙氏

目　录

第一章　历史就是一个罗生门

第一节　一面之词是什么样的

说到玄武门之变，中国人大约都知道，因为这段历史实在太著名了，而且与此相关的文艺作品也实在太多了。从这层意义上，作为一个中国人，不知道玄武之变，简直是不可思议的。

事实上，流传到后世，玄武门之变已成为手足相残的代名词，甚至而言，一说到玄武门，都不用提“之变”两个字，人们也会马上想到手足相残的悲剧。

对于玄武门之变，最有利于李世民的记述是什么样子的？自然就是正统史书中的记载。

总而言之，大唐开国时代，皇帝李渊、太子李建成都是庸人，都是“打酱油”的，只有李世民是个雄才。整个李唐的开国伟业，从组织策划到具体实施，都是在李世民的主导下进行的。

让人难以接受的事实是，李世民辛辛苦苦打拼出来的胜利成果，却被他老爸占取了。

这个说起来，已让太多人想替李世民抱打不平了，因为凭什么啊？

但是面对如此不公的事，李世民从来毫无怨言，因为谁叫李渊是他爹，而且还是他创业的最大出资人呢。

而更让人难以接受的事实是，李渊不但享受着李世民打拼出来的胜利成果，还一心纵容李建成、李元吉这两个败家子排挤李世民。

这个说起来，已让人感觉没有天理了，因为这叫什么事呢？

但是面对如此不公平的事，李世民还是选择了接受，因为谁叫李渊是他爹，李建成、李元吉是他的一奶同胞呢。

最让人难以接受的事是，李建成、李元吉这两个败家子，不但腆颜享受着李世民辛苦打拼出来的胜利成果，还想把李世民害死，完全独霸这些成果。

比如，某年某月的某一天，李世民到李建成家喝酒，李建成就给李世民酒中下毒。李世民喝完毒酒，顿时吐血数升，幸好他是天命所在，所以没死。再比如，某年某月的某一天，李世民到齐王李元吉家喝酒，李元吉派杀手潜入李世民休息间，如果没有意外，李世民也难逃一死，幸好李世民是天命所在，所以李建成竟然及时劝止了李元吉。再比如，某年某月的某一天，李建成找了一匹烈马，骗李世民去骑，没有意外的话，李世民这次死定了，幸好李世民是天命所在，所以也没有死。

面对此情此景，李世民一忍再忍，忍无可忍，终于在某年某月某一天，把李建成、李元吉全杀了，并逼着老爸李渊退了位。到此，李世民终于拿回了属于自己的一切。面对这种结果，谁也会感觉，实在太大快人心了！

这些内容，我们可以从正史中，找到大量的文字支持，甚至可以说，大家印象中的正史，翻来覆去，就是在讲述这样一个故事。

现在的问题是，这些内容可信吗？显然是不可信的！

我为什么说这些内容的可信度非常低呢？

因为相关内容，怎么看都是一面之词，都是欺负反方死无对证。

这就好像，一个人杀了自己哥哥、弟弟，逼迫自己父亲把家产都交给自己，然后对围观群众说："我之所以这样做，是因为我们家的财产，全是我一个人打拼出来的，我哥哥弟弟不但是败家子，还一心想杀我，关键是我爸爸总是偏袒他们，弄得我好几次差点被他们害死，所以我只能这样做了。"如果你是围观群众，会怎么判断这件事呢？你显然会认为，这就是当事人的一面之词。

如果一个围观群众，认为当事人的这种说辞非常可信，那得有着多低的智商、多可怜的社会经验啊！至于到了法庭上，如果一个法官表示相信当事人这种说辞，人们肯定都会认为，他被当事人收买了。因为这种漏洞百出的说辞，正常人怎么可能相信呢?

最简单地说，史书中李建成谋杀李世民的场面，也未免太离奇了。明摆着就是仗着死者没有机会发言，信口开河罢了。这就好像周星驰的电影《九品芝麻官》中的原告一手遮天，说被告买了半斤砒霜投毒一样。等被告有机会翻案时，法官自然会重新考量，买半斤砒霜投毒，这符合情理吗?

总的来说，大唐开国历史，就是李世民的一面之词。类似的观点，前人多有表达，比如《剑桥中国隋唐史》是这样说的:

> 按照新、旧《唐书》和司马光《资治通鉴》的传统说法，李渊是一个碌碌无能之辈，而且暮气沉沉、胸无大志。相反地，他的次子李世民（公元617年时十九岁）倒被说成一位高超的军事领袖:有魄力，有进取心，英明天纵。……历史学家近年经过对正史中所记关于此事的材料重新加以研究后，得出了新的结论:有些重要情况可能是在唐太宗统治时期因太宗本人的坚持而编造出来的。

在皇权时代的政治舞台上，实力决定一切，什么大道理，都是用来扯淡的。

最简单地说，谁应该继承皇位，纯粹是一个实力问题，至于大道理，它实在太多了，只要你需要，总有一款适合你!

比如，“国赖长君”，皇子自然不能与皇弟、皇叔相争了；再比如，“立功立能”，嫡长子自然不能与弟弟相争了；至于把尧舜禹的“禅让”、商汤周武的“革命”理论搬出来，那江山轮流坐也不是不可以。

老妈势力巨大，如果有人敢说皇帝成年了就应该亲政，那他肯定是不想活了！对此只要看一下武则天的故事，就可以知道了。

儿子势力巨大，如果有人敢说老皇帝一天不死，大家就应该听老皇帝的话，那他肯定也是不想活了。对此，只要看一下李世民在玄武门之变后的故事，就可以知道了。

次子势力巨大，如果有人敢说我们应该坚持嫡长子继承制，他肯定也是不想活了。对此只要看一下唐太宗、唐玄宗的故事，就可以知道了。

叔叔、叔祖势力巨大，如果有人敢说老皇帝死了，我们就应该听老皇帝儿子的话，那他肯定也是不想活了。对此只要看看唐文宗、唐武宗、唐宣宗的故事，就可以知道了。

臣子势力巨大、叛乱者势力巨大，如果有人敢说什么应该永远忠于皇室，他肯定也是不想活了，对此只要看一下杨坚、李渊称帝时的故事，就可以知道了。

有鉴于此，李世民在大唐开国史上，如果真有传统史书说的那样牛，就根本不会发生玄武门之变了。因为一个人的实力都牛到这种地步了，想当皇帝，还用弄得一片狼藉？

如果李世民真有自己说的那么牛，历史肯定是这样发展的：

李建成一心要让出太子之位，但是李世民一再表示拒绝；下面的军政大佬，纷纷上书，希望李世民当太子，但是李世民依然一再拒绝；最后呢，李世民拒绝来拒绝去，终于盛情难却，就只能当太子了。

如果故事这样发展，随后李渊表示要让出帝位，也就自然而然、毫无被强迫的痕迹了。

这样一折腾，兄也友了，弟也恭了；父也慈了，子也孝了。

翻开历史书，有实力的大哥，都是这样玩的，最典型的例子，就是李世民的重孙唐玄宗李隆基。

唐睿宗夺权的时候，李隆基是主角，所以唐睿宗绝不敢让长子成器当太子，而且也没有人敢提议让成器当太子，关键是，就算有人敢提这种建议，成器也得哭着喊着拒绝啊。当然了，我们知道李隆基一再希望哥哥李成器当太子，怎奈李成器哭着喊着坚决不当。

在这种情况下，李隆基与哥哥李成器，就是兄也友了，弟也恭了。关键是再看到唐睿宗退休当太上皇，人们也觉得这就是父慈子孝的表现。

一个人为了夺取太子之位，不惜发动一场政变，还杀死两个一奶同胞的兄弟，更把十个侄子全部斩草除根，就凭他这种表现，说他当时拥有压倒性的实力优势，谁信呢？

上述事实，本身就证明李世民兄弟三人的实力一直相差无几，所以李世民想取得最后的胜利，就只能用这种赤裸裸的、血腥的方式取得，即使想装个文明人，都无法做到。

第二节　李渊如果有机会说话

如果李渊控制着局势，他的御用文人，会如何写唐初这段历史呢？

说到大唐帝国的建立，肯定有这样一种舆论，李渊是一个算无遗策、绝胜千里之外的旷世大英雄，他只用了短短一年多时间，就缔造了大唐帝国，仅仅用了五年时间，就统一了天下。这种成就翻遍中国历史，也罕有人及。

当然了，类似的说法，实在有诱惑不逞之徒窥视皇权的嫌疑，所以史书还会反复强调一点，就是李渊能取得这种成就，绝不是简单地因为他神功无敌，更是因为他血统高贵，是天命所在。

至于李渊与几个儿子的关系，史书肯定会这样说，李渊是一个严父，也是一个慈父，在他的悉心教导、培养下，几个儿子都成为他的得力助手。

类似的内容，是我脑补出来的吗？答案显然是否定的！

专业历史圈之所以普遍认为，唐初正史经过了李世民修改，原因很简单，那就是有一本非常权威的《大唐创业起居注》流传到了后世。这本书修成于玄武门之变以前，作者名叫温大雅，是李渊的机要秘书。在这本书中，李渊才是大唐开国史的真正主角，李世民只是一个配角，戏份并不多于李建成。

更重要的是，我们看《大唐起居注》，不难感觉到它更符合情理、常识。

要知道，李渊七岁就袭爵唐国公，从二十多岁开始，就历任各种省军级职务。在地方，李渊当刺史、太守；在中央政府，他当过少监、卫尉少卿。

隋炀帝末期的李渊就更不得了，他先以弘化郡留守的身份兼管关西十三郡的军事，后来更以皇亲国戚的身份坐镇战略要地晋阳，负责了许多军事行动，据说一度打得突厥人闻风丧胆。

晋阳起兵起时，李渊已五十岁了。这样一个资深的豪门大佬，军政经验自然是非常丰富的。而李世民呢，当时只是一个刚满二十岁的小伙子。在玄武门之变后修成的史书中，这个资深军政大佬，看起来跟个没头脑一样，事事被二十岁的儿子牵着鼻子走，这可以想象吗？

我并非认为二十岁的李世民，在当时是个平庸的存在。豪门子弟表现优秀，是件自然而然的事；不像草根子弟的脱颖而出，需要各种机缘巧合。

草根的逆袭，主要是靠庞大的人口基数实现的。因为几十万、几百万、几千万草根子弟之中，肯定会出现大量天赋异常、能力出众的人，他们中的一部分得到了命运的眷顾。但是就整体水平而言，草根子弟是无法与豪门子弟相比的。

标准的豪门子弟，从小就有众多优秀的专业人士，传授他军事、政治知识，更主要的是，随时可以在众多专业高手、职业经理人的协助下，进行各种实践。

最简单而言，李世民十六岁就能参加“省军级”的会议，还能在会上随便发言。普通人家的子弟在十六岁时，如果参加县团级会议，还能在会上有发言机会，恐怕就称得上人生赢家了。

这样，李渊起兵时，李世民虽然只有二十岁，我们也相信其军事、政治水平，都达到了专业水准。但是，人才这种东西，你说缺吧，肯定是缺的；说不缺吧，其实一点也不缺。最简单的例子，白手起家混成年薪百万的专业人士、职业经理人，是人才吗？肯定是啊。问题是，这种人何止几千？

因此我们说，《大唐起居注》中所写的内容，是比较合情合理的，那就是李建成、李世民都是在严父指导监管下，共同学习实践的有为青年。

在李建成、李世民第一次率军出战时，李渊是这样对他们说的:“这是你们人生第一次大战，希望你们好好表现，因为大家都在看着你们。”李建成、李世民都说：“我们从小蒙受您严正的教诲，会对家国之事尽忠尽孝。如果有违犯律令之处，请用军法处置我们。”

后来，在高级军事会议上，李渊总是循循善诱地让李建成、李世民发言；他们发言有可观之处，李渊总是不失时机表示赞许。

这样的李渊，在李世民的史官笔下，完全成了另一副样子。

总而言之，李渊为什么要起兵呢？是因为李世民给李渊设了个套。

话说，某年某月的某一天，在李世民的设计下，李渊把隋炀帝的女人给睡了，他知道这件事后，当即吓得不知所措，因为这可是杀头的大罪啊。在这种情况下，只能任由李世民摆布，宣布起兵造反了。

这样的故事离奇不离奇？足够离奇。但正史就是这样记载的。

起兵之后不久，李渊就犯了严重的战略性错误，如果不是李世民极力坚持正确意见，李渊当时就要玩完了。

第三节　李元吉如果有机会说话

秦王李世民为什么和太子李建成拥有对等的地位呢？传统史书给我们的答案很简单，那就是李世民神功无敌，而且功勋盖世。

如果李元吉有机会发言，他肯定会说："你李世民和大哥李建成地位相当，是因为你英雄神武；那我和你拥有相当的地位，又是因为什么呢？"

因为李元吉失败了，所以我们谁也知道，他能和李世民拥有对等的地位，就只因为他是李渊的嫡子，除此之外，还有别的原因吗？真的没有了。

单看传统历史书，李元吉那就是要一壶没一壶，实在比高衙内还不堪。

史书上说，李元吉坐镇晋阳时，竟然喜欢没事在大街上随便射箭，以观看人们惊惶失措地逃避为乐趣。你说高衙内敢这样玩吗？更夸张的是，李元吉纵容小弟四处抢劫老百姓，没事还带着小弟闯进别人家淫乱。你说，高衙内有这样嚣张吗？

李元吉在晋阳，那就是传说中的花花太岁，而且无法无天到了极点。关键是，相关的内容还不是来自小报上的八卦新闻，而是源于一个高级官员写的汇报材料。

这个官员在给李渊写上述材料时，还提出一个非常值得担心的问题："您把晋阳这么重要的地方，交给李元吉这种未成年的花花太岁，我实在担心啊！"

李渊看到这种汇报，也意识到问题的严重性，所以就决定把李元吉调离晋阳。但是李元吉岂是高衙内那种人可比？所以，在李元吉的软硬兼施下，晋阳的官员百姓竟然都纷纷上书，大声呼吁："晋阳不可一日无李元吉啊！"

坊间有语：儿子像狼一样凶恶，在父母眼中，也清白得如同小绵羊；儿子四处欺负人，父母也害怕他被人欺负。所以，看着前后天差地别的汇报，李渊自然觉得，前面的人是在诽谤，因为自己养的儿子，不可能坏到那种程度啊！于是，李渊继续让李元吉坐镇晋阳。

当然了，李渊这样用人唯亲、是非不分的结果就是，李元吉都督十五郡诸军事，看到突厥人来犯，直接率众仓皇而逃。

但是，不管史书把李元吉写得多坏、多无能，只看最基本的历史事实，有一点是无可置疑的，那就是李元吉始终拥有着和李世民大致相当的地位。

李渊晋阳起兵时，十五岁的李元吉是姑臧公、中路军元帅。这种地位与二十九岁的李建成、二十岁的李世民完全是对等的。因为李建成是陇西公、左路军元帅，李世民是敦煌公、右路军元帅。

从某种意义上说，李建成、李世民、李元吉在这个管理团队中，虽然是以元帅的名义出现，但是真实的作用，其实类似监军。换言之，他们坐在相应军队的头把交椅上，只是为了保证这支军队，永远是李家的。

否则，李渊让二十岁的李世民当大军统帅，尚可理解，因为说起来，李世民神功无敌，那他让十五岁的李元吉当大军统帅，又所为何来呢？就是让资质平庸的李建成当大军统帅，也不是个事啊。

类似的人事安排，在当时的历史情境中，根本就不是什么新鲜事。比如，隋文帝平定江南时，大军统帅就是二十岁的晋王杨广，真有人相信，平定江南的主要功劳，就是他的吗？

因为当时的晋王杨广，后来的隋炀帝，不得善终，所以随便拉出一个人也知道，他二十岁下江南时只是名义上的统帅，军队的真正指挥者，是他手下的高级助手们。所以隋朝统一天下的战争，和晋王杨广根本没有什么关系，甚至可以说，在整个过程中，杨广就是一个成事不足败事有余的家伙！

问题是，当隋炀帝高高在上的时候，真有史官敢这样写隋朝统一天下的历史吗？

话说李渊进入长安，挟天子以令诸侯的时候，十六岁的李元吉是齐国公，“镇北将军、太原道行军元帅、都督十五郡诸军事，听以便宜从事”，他这时的地位，丝毫不逊色于三十岁的李建成、二十一岁的李世民。当时的李建成是世子、左军元帅，李世民是秦国公、右军元帅。

武德元年（618），十六岁的李元吉是齐王，二十一岁的李世民是秦王。武德四年（621），十九岁的李元吉领司空，二十四岁的李世民领司徒。武德八年（625），二十三岁的李元吉官拜侍中、二十八岁的李世民官拜中书令。从爵位、头衔、职务看，李元吉和李世民在大唐帝国的地位始终大致对等。

李世民明显高于李元吉的头衔只有一个，即天策上将，而李元吉与此对应的头衔是大都督，明显低一等。但是不管怎么说，李元吉的权力、地位，一直是仅次于李渊、李建成、李世民的存在。只有很短的一段时间里，杜伏威作为一方强藩投靠了李渊；为了表示重视，李渊把他排在李元吉之前，但他的实际地位并不能与李元吉相比。

问题是，李元吉为什么会拥有这样高的权力地位？显然是因为，李元吉是仅次于李建成、李世民的嫡子！进一步说，李世民之所以会拥有那样高的权力地位，也是因为类似的原因。

用此类事实，证明李世民的权力地位，仅来自于投胎好，可能不够，但用来证明大唐的真正开国领袖是李渊，已经够了。

一切是显然的，如果真如传统史书所说，大唐帝国的真正缔造者是李世民，就凭李元吉的年龄、能力，还一心和李世民作对，怎么可能一直拥有和李世民对等的地位呢？

第四节　李建成如果有机会说话

李世民是玄武门事变的胜利者，更是整个时代的胜利者，因为此后二百多年时间里的统治者，都需要高举李世民的大旗。所以说起玄武门之变，最符合李世民利益的记述，就成为正史中的唯一记述。

如果李建成有机会，他会怎么写这段历史呢？

肯定是另一个版本。这个版本大致会是什么样子，我们看一下明初靖难之变的历史就可以知道。

看明初靖难之变，我们难免会有一种感觉，那就是太子朱高炽、汉王朱高煦的故事，与太子李建成、秦王李世民的故事如出一辙。

朱棣靖难起兵时，汉王朱高煦是他的主要助手，立下许多汗马功劳，甚至从某种意义上说，如果没有汉王朱高煦，朱棣早就失败了。

许多人认为，汉王功高，所以应该取代太子。甚至朱棣也一度认真考虑，汉王朱高煦更加优秀，是继承皇位的更佳人选。

而当时的太子朱高炽呢？一直留守后方，相对而言就不容易建立军功。据说他之所以能保住太子之位，很大程度上是因为有一个非常优秀的继承人朱瞻基（后来的宣宗），朱棣虽然对这个儿子不怎么看好，但很欣赏朱瞻基这个孙子。

故事发展到这里，太子朱高炽、汉王朱高煦相争的历史，就是从前玄武门故事的翻版。如果汉王后来成功上位，这段历史，估计就和唐初一模一样了。问题是，朱高煦最后失败了，所以我们再看这段历史，就感觉它和玄武门之变截然不同。

因为在这段历史中，汉王朱高煦就是一个丑角、一个大反派，而太子朱高炽却是男一号，孝友仁慈，当之无愧地代表着正义。比如《明史·汉王朱高煦传》是这样说的：

> 永乐二年，仁宗立为太子，封高煦汉王，国云南。既负其雄武，又每从北征，在成祖左右，时媒孽东宫事，谮解缙至死，黄淮等皆系狱。十三年五月，私选各卫健士，又募兵三千人，不隶籍兵部，纵使劫掠。兵马指挥徐野驴擒治之。高煦怒，手执铁瓜挝杀野驴，众莫敢言。遂僭用乘舆器物。成祖闻之怒。十四年十月还南京，尽得其不法数十事，切责之，囚系西华门内，将废为庶人。仁宗涕泣力救，乃削两护卫，诛其左右狎昵诸人。

如果李世民在玄武门政变中失败了，写在史书上，估计也就是唐版的朱高煦。总而言之，他有才能，也有功劳，问题是，他不能因此就无法无天啊。他哥哥对他好得不得了，可他就是要恩将仇报。因为他是个大恶人，所以谁也希望，他的阴谋不能得逞。

更重要的是，他的死完全是自找的。他侄儿宣宗皇帝朱瞻基上位后，一直对他很好，但是他非要造反。即便如此，大仁大义的宣宗皇帝仍然千方百计地保全他的性命。又谁知，他一点情也不领，非要和宣宗死磕。宣宗不得已才杀了他全家。

反过来说，如果朱高煦也杀兄逼父，夺储成功，御用文人再写这段历史时，会怎么处理呢？肯定就和李建成、李世民的故事一样了。

总而言之，汉王朱高煦忠义无双、功高盖世，但是一直受到无能的太子仇视迫害；而他的父亲也有眼无珠，一直纵容太子这种邪恶行径；最后汉王朱高煦忍无可忍，只能选择杀兄逼父了！

当然了，史书会加入各种微妙的细节，让我们感觉太子对汉王的仇视迫害，是人神共愤的，但是汉王高煦拘于礼法大义，仍然一再表示，宁愿死也不做不忠不孝的事。无可奈何的是，高煦手下的忠义之士都纷纷劝说他夺位。因为："忠有大忠小忠之分，孝有大孝小孝之分，您这样任由太子迫害，想过太祖皇帝苦心建立的大明帝国吗？如果您这样死了，任由昏庸的父皇、邪恶的太子把帝国败亡了，您有什么脸面见大明太祖皇帝呢？"最后，汉王朱高煦终于决定造反了。

李世民发动玄武门之变后，人们就是这样替李世民辩护的。比如《旧唐书 · 高祖二十二子传》说：

建成残忍，岂主鬯之才；元吉凶狂，有覆巢之迹。若非太宗逆取顺守，积德累功，何以致三百年之延洪、二十帝之纂嗣？或坚持小节，必亏大猷，欲比秦二世、隋炀帝，亦不及矣。

一言以蔽之，李建成、李元吉是两个大恶人，而且都是标准的败家子，如果李世民不杀他们，大唐帝国肯定很快就灭亡了。这样，李世民虽然孝悌小节保住了，但是从大节上讲，就仰愧于天，俯怍于人了！

第五节　历史很客观　记述有立场

历史是客观的，但记述者永远都有立场。不论谁记述历史，都会夹杂自己的感情色彩，习惯性地美化自己，丑化敌人。如果我们只看单方面的记述，那历史就是善恶分明、是非对错一眼就能看清的戏剧故事。但只要资料足够丰富，我们就会发现，历史通常是公说公有理、婆说婆有理，众多权威学者也争论不清。

我这样写，难免有人会说，这是历史虚无主义！其实呢，说这种话的人，肯定都不知道历史虚无主义是什么意思。因为，我这样说的出发点是标准的唯物史观。

唯物史观认为，历史学是上层建筑的一种。既然是上层建筑，它就注定有立场，有倾向性。对此，不要说那些晦涩难懂的历史哲学著作了，就是我们的基础教育历史课本，也会反复强调。

比如，我们学生时代的课本中，经常有“站在地主阶级的立场上”“站在人民的立场上”这样的表述。这就是因为，同一段历史、同一个人、同一个事件，由不同立场的人记叙出来的样子，是天差地别的。站在地主阶级的立场上，曾国藩就是古今第一完人；站在人民的立场上，曾国藩就是镇压农民起义的刽子手。站在地主阶级的立场上，黄巢就是一个邪恶变态的食人狂魔；站在农民阶级的立场上，黄巢就是一个动摇腐朽统治的起义英雄。

也许有人会说，一个优秀的史官，绝不会有立场，他们总是在秉笔直书。齐太史兄弟不畏崔杼带血的大刀，董狐不畏赵盾熏天的权势，该怎么写就怎么写。因为史官大都有这种可敬的节操、素养，所以我们看到的历史，通常都是可信的。

其实呢，齐太史兄弟、董狐记述历史时，屁股都歪到姥姥家了，如果当时的史书，仅由他们秉笔，那我们现在所知道的历史，肯定是另一副样子。

按流传最广的《左传》的说法，齐庄公荒淫无度，给崔杼戴了绿帽子，还四处宣扬，崔杼忍无可忍才杀了他。但是这一切到了齐太史兄弟笔下，就成了某年某月，崔杼弑君。按流传最广的《左传》《史记》的说法，晋灵公邪恶变态，还一心要杀忠君爱国之心可表天地的赵盾，所以被赵穿弄死了。但是这一切到了董狐笔下，就成了某年某月，赵盾弑君。

虽然我不敢说，《左传》《史记》中所写的内容非常可信，但是，这些丰富内容的存在，显然证明齐太史兄弟、董狐所写的内容都非常不全面，非常有倾向性，对君主不利的内容，他们全部隐没了。

如果齐太史们在写历史时，就是《史记》《左传》中相关内容的笔调，肯定不至于被杀的。因为这样的事实好比：商汤、周武反叛不假，问题是夏桀、商纣邪恶变态，就该死啊！在这种前提下，反叛就不叫反叛，而叫替天行道了。

齐太史、董狐之所以被称作史界良心，无非是因为他们的所作所为，有利于神话君权罢了。

这就好像，伯夷、叔齐被人称赞，并不是因为他们的所作所为，有多大历史价值，而是因为他们用实际行动告诉人们一个真理：君主再不是东西，大家也不能造反；君主再欺负你，你也不能抵抗。作为臣子，思想觉悟高到了这种境界，在许多人眼中，就和圣人相差无几了。

齐太史、董狐为什么敢那样“秉笔直书”呢？答案非常简单，那就是崔杼、赵盾有很多政敌，并且势力非常大，而齐太史、董狐不愿意站在崔杼、赵盾一边。

崔杼弑君后，仅仅过了两年，就在穷途末路中自杀了；赵盾弑君后若干年，赵氏一族差点被灭了门。以他们的实力，自然垄断不了话语权，敢和他们公然作对的人自然多了去了，并不是只有齐太史、董狐。

如果唐太宗李世民也有众多强大的、敢和他公然作对的政敌存在，说到玄武门之变时，难免也会有史官，公开谴责他大逆不道的。换言之，这些史官在叙述玄武门之变时，难免也会说，某年某月，李世民杀兄逼父。然后呢，什么多余的话也没有！面对这种史官，你说李世民会怎么做？我估计肯定会赏他们一刀的，而且还会把他们骂得狗血淋头。

面对一件事，你们不说起因，也不说经过，就说结果，而且以耸人听闻的形式写出来，你们作为史官的节操何在？是的，我杀了太子李建成！问题是，我为什么杀他，你们怎么不说？他们此前是怎么对我的，你们怎么不说？是的，我提前接班了！问题是，我为什么提前接班，你们怎么不说？我如果不提前接班，对国家百姓会有多大的危害，你们怎么不说？

任何一个历史事件，通常只有最基本的事实框架，是确凿无疑的。

李建成是太子，李世民是秦王。某年某月的某一天，李世民在玄武门杀了李建成。这是确凿无疑的。

齐庄公是君主，崔杼是臣子。某年某月的某一天，崔杼把齐庄公杀了。这是确凿无疑的。

晋灵公是君主，赵盾是臣子。某年某月的某一天，赵穿把晋灵公杀了。赵盾回来主持国政，赵穿啥事也没有。这是确凿无疑的。

这些最基本的事实，谁去记述，也不会有太大的差别。但是中间发生了多少恩恩怨怨、是是非非，不同的历史当事人去说，就天差地别了。

谁说的可信？我们只能根据最基本的事实，搜集更多无可置疑的客观证据，然后运用自己的逻辑、经验去判断了。

读史者如果不能明白历史的这种特殊属性，通常只会产生两种结果：

第一种：他所拥有的历史知识，其实是由一个个的段子组成的。在这些段子里，忠奸善恶脸谱分明得如同戏台上的脚色，是非分明得就算幼儿园的小朋友也能一眼看清。

第二种：他渐渐成了历史虚无主义者。因为翻开历史书，他看到的只是一个个罗生门，最后他就会觉得历史无所谓什么真相了。

第二章　风起仁智宫　玄武门之变拉开序幕

第一节　杨文干谋反　太子是主谋

武德七年（624）五月十七日，唐高祖李渊在长安城以北三百里的玉华山上，修建了一座行宫，名曰仁智宫。

这座行宫的地理位置，比长安城更靠近北方边防地区，所以修建它的一个目的，自然是巩固军事防线；与此同时，行宫坐落在风景优美的山林中，所以修建它的另一个目的，是供皇家避暑休闲。

同年六月三日，唐高祖李渊就率众到新修建的仁智宫避暑。

此时，大唐帝国已经统一了天下，所以它可以腾出更多的精力，用于内讧了。

虽然说，此时距赫赫有名的玄武门之变，还有整整的两年时间（一点不多、一点不少的两年，因为玄武门之变，发生在武德九年的六月初四），但是太子李建成、秦王李世民之间的争斗，已进入了白热化的阶段。

李建成作为大唐帝国的太子，按制度可以拥有非常可观的东宫卫队。但是他对此并不满足，一直通过各种方式培植私人武装。据说，他曾私自招募两千骁勇之士加强自己的军事力量。

对于李建成的这种行为，唐高祖李渊虽然感觉非常不快，但最终还是接受了，因为李建成这样做，也算事出有因，更重要的是，出现这种局面，他李渊也有责任。

李建成是大唐帝国的合法太子，但是李渊却一直有意无意地默许，甚至纵容秦王李世民窥视太子之位。李建成出于恐惧、自卫的心理，擅自加强东宫的防御力量，肯定是不合法的，但也不能苛责。

看到父皇默许自己这样做，李建成越玩越大，后来竟然让自己的手下，从燕王李艺那里调来三百精锐骑兵。这一行为，则大大超出了李渊的可接受范围。

李艺原名罗艺，在天下纷争之际，就是一方诸侯。在《隋唐演义》中，罗艺是北平王，还是秦琼的姑父、罗成的父亲，端是举足轻重。

李渊占据关中后，罗艺就带着广阔的地盘、众多的人马投降了李渊，被赐姓李，封为燕王。太子和这等地方强藩勾勾搭搭到如此地步，实在有些越界了。

但是李建成是太子，李艺是地方强藩，李渊也实在不愿意过分追究这件事，于是帮李建成负责此事的手下就成了替罪羊。然后这件事，就稀里糊涂地结束了。

上纲上线地说，李建成上述行为，肯定都是非法的、大逆不道的。但是我们必须知道另一个事实，那就是秦王李世民的许多行为，是更加非法、更加大逆不道的，还一直得到李渊的默许与纵容。

李世民作为次子、亲王，一直处心积虑地谋求太子之位，还组建起了效忠于自己的小集团，是路人皆知的事实了。

对此，千万不要说李世民的人格魅力大于李建成，更不要说李世民的功劳比谁都大，所以他就该这么做。

老话说，周公是圣人，还是周文王的亲儿子、周武王的亲弟弟，无论从人格、能力还是功劳来说，都是碾压侄儿周成王的存在！怎么从来没有人说，周公应该夺掉成王的王位啊！一个统帅只要战功卓著、深得人心，就有资格君临天下，这不是扯淡嘛！不要说皇权时代了，就是民权时代，它也是歪理邪说啊。

“立贤”这种道理，只在某些特殊的历史时刻适用。就好像，尧、舜、禹、汤式的“禅让”或“革命”，只在某些特殊的历史时刻有可行性。

帝国一片祥和稳定，如果有人敢扯“谁战功卓著，谁就该君临天下”“哪个皇帝无能，就该让贤”的理论，那就是想死全家了。因为这种歪理邪说都可以堂而皇之地宣扬，皇权的神圣性，又体现在什么地方呢？所以在李建成、李世民相争时，李建成就拥有法理上的先天优势。

书归正传。李渊六月三日到仁智宫避暑时，由秦王李世民、齐王李元吉随从；中央政府的日常工作，则由太子李建成负责。

开始一切风平浪静。

但是六月二十四日，李渊突然接到一个惊人的消息：留守长安城的太子建成要发动武装政变！

李建成在中央政府主持日常工作，而且东宫拥有强大的武装力量，这里面还有众多李建成招募的私人，如果他突然发难，控制住长安城易如反掌。

据告密者言，李渊离开的这段时间里，李建成让庆州军区主管杨文干向长安城输送了大批死士，这意味着李建成东宫系的军事力量更加强大了。

向李渊告密的两个人，都是太子的亲信，他们被授予的任务，正是给庆州军区押送大量的盔甲。他们之所以告密，是因为感觉李建成的造反意图已快图穷匕现了，所以越想越害怕，就在押送盔甲的途中反了水。

杨文干以前是太子建成的警卫员，现在坐镇的庆州，又是一个战略要地。而李渊避暑的仁智宫，恰好坐落于长安城和庆州驻军的中间点上。这意味着什么呢？意味着如果李建成突然在长安城发难，杨文干在庆州发难，李渊就被瓮中捉鳖了。最可怕的还在于，皇帝身边的齐王李元吉，据说也打算配合他们的行动。

这个消息可靠吗？

基本事实应该说是可靠的，即杨文干向长安城输送了大批死士、李建成让人给杨文干押送了大批盔甲，这两点是确凿的。

但是所谓的反迹，就有些说不清道不明了，因为以李建成现时的掌控能力，似乎不具备造反的条件，说他会这样轻举妄动，李渊多少是有些不信的。

帝国是一个几百万平方公里、几千万人口、几十个军区构成的庞大体系，如果你认为自己控制了皇帝，或是控制了都城，就等于控制了整个帝国，那你实在是把军国大事当童话看了。

因为对一些政治军事力量来说，出其不意地用武力控制皇帝很容易，出奇制胜地占领帝国都城也并不难，但是他们想控制几百万平方公里的土地、几千万人口、几十个分散的军区，那可实在太难了。

历史上有一个手握重兵的大哥，一个想不开，直接用武力控制了皇帝，也控制了帝国都城。结果呢？十八路诸侯很快从各个角落赶了过来，于是这位大哥折腾了半天，终于全家死光光了！这个故事，大家非常熟悉，它的主角叫董卓！

历史上有两个禁军将领，也是一个想不开，直接用武力控制了皇帝，控制了中央政府。结果呢？他们无非是给其他大哥做盘菜罢了，因为周边的大哥很快组织起勤王大军，进逼帝国都城。然后，这两个禁军将领，只能跑路了。皇帝对一个勤王的大哥说："你一定要替我杀了这两个乱臣贼子。"这个勤王的大哥就说："我一定会把这两个乱臣贼子活捉回来。”换言之，杀了他们，实在太便宜了，我要把他们送给您亲自处置。毫无疑问，这两个人最后都被千刀万剐了。这个故事，大家可能比较陌生，但是这个勤王的主角，相信大家一定听过，他就是大名鼎鼎的韩世忠！

人们说，赵构一心卖国，畏敌如虎，当此际，有人打着主战的旗号一举控制了赵构，控制了中央政府，怎么看也是改天换日的节奏啊！但是很不幸，其他人都打着维护正义的旗号过来勤王。

类似的例子，历史书上数不胜数。

许多时候，你控制了皇帝，控制了帝国都城，等待你的不过是死全家罢了。但是，话又说回来，历史的合力，刹那之间会指向哪里，凡人真的很难猜透。

某年某月的某一天，两个士兵喝酒耍钱输了，回到军营越想越憋屈，就出门发表大逆不道的言论，于是对帝国不满的人，就开始纷纷行动起来。面对此情此景，神功无敌的唐庄宗，当时就只能高呼“天之亡我，非战之罪也”了！

虽然说，控制了皇帝，控制了中央政府，控制了都城，距离控制帝国还有着十万八千里的距离，但如果紧接着就是天下云集的响应，你就取得胜利了呀！

任何一个敢用武力发动政变的大哥，都是这样绘蓝图的：“我一举控制了皇帝，控制了帝国都城，然后再派人安抚天下，拉拢各色人等，建立最广泛的统一战线，天下就在我的掌握之中了！”

问题是，事情接下来会往哪个方向发展，多少有点轮盘赌的意味！

不管皇帝设计的权力格局，多么精妙，多么牢不可破，也会有很多人提着全家人的脑袋去撞击它的，死了一拨，还有另一拨。这就好像买彩票，人们通常只看到那个用两块钱赢得五百万的人，却很少留意常年白扔两块钱的人。当然了，你不买彩票，最多也就是没有被五百万砸中的机会；而你不造反呢，却依然有可能死全家啊！

典型例子就是，李建成始终没有造反，最后还是在玄武门之变中，带着五个儿子，一块丧了命！如果时光可以倒流，你说在武德七年时，李建成会怎么做呢？赌一把输了，最多也不过如此吧！

因为上述理由，听到坐镇帝国都城、主持中央政府日常工作的太子建成要造反，李渊实在是不敢掉以轻心的。虽然说，李建成并不具备造反的实力，但是造反这种事，本身就是赌博啊。

多年以前，宋文帝也认为太子刘邵不具备造反的实力，问题是，太子意识不到这点，所以一通火并下来，宋文帝脑袋就被太子砍掉了。虽然说，太子很快被他弟弟正法了，但是宋文帝却也活不过来了。

多年以后，唐玄宗也认为太子李瑛不具备造反的实力，问题是太子确确实实率军杀进了皇宫。因为没发生火并，太子就被活捉了，所以支持太子的人都说，这是一个误入白虎堂事件的升级版。当然了，唐玄宗根本不信这套说词，很快就把太子正法了。

甚至，玄武门之变前，李渊也认为李世民不具备造反的实力，但是李世民握住机会，一举击杀太子、齐王，更让小弟全副武装地冲到李渊面前，李渊遂一着不慎，落了个满盘皆输。

武德七年的李渊处于那种高处不胜寒的位置，突然听到太子建成要造反的消息，虽说有点将信将疑，却也不得不马上行动起来。

第二节 太子出局之势已成 剧情却突然反转

唐高祖李渊接到李建成要造反的消息后，马上展开了积极行动。

他先写了一道亲笔诏书，让太子赶紧到仁智宫面见。

太子建成接到这道诏书，马上意识到，他与杨文干之间的小动作败露了。他应该怎么办？

有人劝李建成："这种事说不清道不明，如果你去见皇帝，肯定凶多吉少，不如背水一战，现在就造反吧。"

这样的选择，历史上也是有先例的，当年汉武帝的戾太子刘据，陷入不能自白的境地，就率军造反了。

问题是，他冒险造反的结果，就是与汉武帝打得长安城血流成河，最后带着自己的老婆孩子送了命，还连累了自己的生母卫皇后。

基于这样的历史教训，也有人劝李建成："我们根本不具备抢班夺权的实力，盲目造反，就是死路一条，您不如到仁智宫负荆请罪，还有一线生机。”

做这样的选择并取得成功的代表人物是后来的安禄山。安禄山造反前夕，人们就都猜想他要反了。于是，唐玄宗不放心，就召安禄山进京。人们都估计安禄山不会来，问题是，他竟然来了！于是所有的流言，都不攻自破，为安禄山真正造反赢得了时间。

李建成经过一番考虑，终于决定到到仁智宫负荆请罪。

他率众到达仁智宫六十里外时，就主动解除了自己的所有武装，然后领着几个随从一路狂奔。进入宫门，面对李渊的质问，李建成毫不隐瞒地坦白了所有罪行，并且磕头如捣蒜，一度因为用力过猛而昏死过去。

看到李建成认罪态度这样好，李渊虽然怒气未消，但也终于选择了宽容。作为惩罚，他把李建成安置在一个非常简陋的帐篷中，每天只给他提供非常粗陋的饮食。

控制了太子建成后，李渊又马上派人征召庆州总管杨文干入见。

杨文干接到这个征召，也立刻意识到自己和太子之间的事泄露了。他又应该怎么办？

他也有两种选择：

第一种，就是赶紧起兵造反。

第二种，就是乖乖向李渊认罪。

但是杨文干显然没有信心做第二种选择。

李建成是李渊的儿子，而且他干这些事，主要是出于对自身安全的恐惧，他向李渊低头认罪，自然是有机会获得原谅的。

杨文干的处境，显然比较尴尬，虽说他与太子建成一样，只是涉嫌造反，但是太子犯这样大的错，总得找几个替罪羊啊，以杨文干的身份、地位，恐怕就是最合适的替罪羊了。

所以，杨文干想来想去，就选择了造反。

他这样孤注一掷，其实就等于给东宫集团缴了一份投名状。此前不久，太子建成的两个小弟偷偷告诉李渊，太子建成要造反；现在杨文干又用实际行动明确告诉李渊，太子建成就是要造反！他期待看到，整个东宫系统人人自危，因为那种局面才是对他最有利的。

遥想当年，董卓被吕布捅死后，董卓的小弟，也是人人自危，完全是一个“爹死娘嫁人，各人顾各人”的局面，但是在贾诩的运作下，这些恐惧迅速变成了巨大的动力，于是董卓旧部再度控制了长安。

遥想当年，陈胜说了，伸头是一刀，缩头也是一刀，哪如轰轰烈烈地造反呢？于是恐惧也转化成了巨大的动力，而陈胜的大名，也永垂于青史了。虽说陈胜只是如流星一样划过历史长河，可是，那一瞬间的光芒，也足以让日月黯淡了！

杨文干处于看不到出路的死局中，大约也是想这样赌一把，并幻想会出现奇迹。但是很不幸，奇迹之所以是奇迹，就是因为它不经常出现。

李渊听到杨文干竟然敢反抗，就让李世民去围剿他。李世民说："杨文干这种小角色，还用我亲自出马？"

从某种意义上说，杨文干就是一个小角色，因为他没有了不起的出身，这就意味着没有强大的家族势力做后盾，他现在的职务比较重要，也只是出于中央政府的一纸任命罢了。这种人造反，大概率上，只要朝廷开始正式围剿，他手下的人就会纷纷和他划清界限，甚至砍下他的人头来换富贵的。就他，还用天策上将李世民亲自出马？也未免太小题大做了。

李渊说："你可不能对此掉以轻心，因为这件事，关系着太子，一个处理不当，局势就有可能失控。"李世民之所以对杨文干表现出那样不屑的态度，就是等李渊这句话的。杨文干之所以敢造反，就是因为有太子给他撑腰！李世民恨不得马上宣告这一点。只是这句话由他说出来，会显得动机十分可疑，所以他换了一种说辞，就诱导李渊自己把这句话说出来了。

既然这件事和太子有关，自然就得高度重视了；既然这件事关系如此之大，由天策上将李世民出面解决，自然就不是小题大做了。

据说，李渊当时就告诉李世民："这件事解决之后，我就让你当太子。至于李建成嘛，他无情，我不会无义，我会给他一个崇高的虚衔，让他过富贵闲人的日子。"

到目前为止，太子建成负荆请罪的选择，虽然不能说十分错误，但有一点是可以肯定的，那就是他桌上的筹码已快输光了。与此同时，李世民算是赢得盆满钵满了，因为建成终于被扳进了谋反大案之中，新太子的人选，自然非他莫属了。

然而，就在李世民踌躇满志地率军离开后不久，事情又发生了惊人的反转。李渊竟然又让李建成回到长安城，继续主持中央政府日常工作了，而他自己则继续呆在长安城三百里外的仁智宫避暑。

李建成还是太子，依然受到李渊的信任。李世民虽然干净利索地平定了叛乱，但他得胜回来时，面对的是已经掉转的风向。

李渊最开始认为，杨文干事件，就是太子急于抢班夺权；现在却说，在这起事件中，李建成有错，李世民也有错，甚至后者的错更大。于是东宫的王珪、韦挺，天策上将府的杜淹都被流放了。

李渊的想法很简单：我的儿子都是好儿子，而且一直就是兄友弟恭，都是下属煽风点火，才让他们相互猜忌。再发生类似的事情，我虽然不忍心处置我的儿子，但那些上蹿下跳地跟着我儿子胡折腾的，我一定严惩不贷！

这一切，也未免反转得太快了吧。

更匪夷所思的是，在随后的两年时间里，李渊竟然变着花样地打击李世民，把他打击得都看不到希望了，于是终于忍不住背水一战，发动了玄武门之变。

第三节　剧情为何突然反转

剧情为什么会突然反转呢？

按传统史书的说法，自然是因为李渊偏听偏信，而且才五十多岁就老年痴呆得不行。李建成不忠不孝、无功无能，但是李渊就是无原则地袒护他；李世民忠义仁厚、英明神武，李渊却偏偏处处猜忌他，打压他。

传统史书甚至说，这就是因为李建成用尽心机讨好父亲的小老婆。有小道消息称，李建成、李元吉经常陪这些小妈上床，所以后宫愿意为李建成、李元吉说好话的人很多。

《资治通鉴》在转述这种八卦消息时，还是持保留意见的，“宫禁深秘，莫能明也”。——到底有没有这么回事，我们也不敢妄加断言，反正坊间、史书都是这么说的。两《唐书》在散布这种宫中绯闻时，就斩钉截铁了，建成、元吉私通小妈的事，早已路人皆知。

要命的是，李世民过于正直，做事讲原则，不经意中得罪过李渊这些小老婆，所以她们都有事没事说李世民坏话。《旧唐书 · 隐太子李建成传》说：

初平洛阳，高祖遣贵妃等驰往东都选阅宫人及府库珍物，因私有求索，兼为亲族请官。太宗以财簿先已封奏，官爵皆酬有功，并不允许。因此衔恨弥切。

这些显然是李世民的单方面说词。真实的情形，应该是什么样子的？虽然史无明文，但我估计，是李建成在向李渊低头认罪的同时，把自己的行为动机原原本本地讲清楚了：“我这样做，自然罪该万死，但是您也有错啊！我弟弟李世民的错更大啊！”

若干年后，李世民的太子承乾谋反，被捉拿后，就是用类似的说词，博取了李世民的同情，并把与自己明争暗斗多年的魏王李泰扳倒的。

我是大唐帝国的合法太子，您却一直默许、纵容我弟弟扩张权势，甚至有意无意地鼓励他夺取我的太子之位，我能有安全感吗？再说您只看到我干的一些非法勾当，怎么看不到我弟弟干的非法勾当？总之，我这样做，都是被您逼的！更是被他逼的！您如果好好约束他，不让他干各种非法勾当，不让他咄咄逼人地窥伺我太子之位，我会一步步走到今天吗？您觉得，我这个弟弟是个更好的皇位继承人，其实最阴险的就是他！您以为自己算无遗策，其实您一直都被他玩得团团乱转。

李建成用这样的方法认罪，虽然有可能惹怒李渊，但显然成功地把水搅浑了。

在这种背景下，李渊自然会发现大量对李世民不利的线索。

是的，太子建成一直明里暗里地扩张东宫的军事力量，拉拢地方军政大佬，但秦王李世民也没少这样玩啊，甚至玩得更过分。如果说太子这样玩，是大逆不道的罪行，是蓄意谋反；秦王这样玩，岂不是更大逆不道，更明显的蓄意谋反吗？退一万步说，就算大唐帝国有着特殊的国情，允许太子、亲王竞争皇位继承权，身为皇帝的李渊，也不能拉偏架啊！

事实上，杨文干事件，说大也大，说小也小。因为按这种标准，找秦王李世民的茬，肯定可以杀他一百次了！因为秦王府明里暗里的小动作，更是多了去了。

与此同时，自然会有很多人替李建成求情，也都会有意无意地强调一个事实，那就是太子、亲王并重，才是惹祸的根源。前朝晋王杨广为了夺储，玩尽阴谋，终于取代了太子杨勇，然后呢，老皇帝杨坚不明不白地死在了仁寿宫中。这样说来，实在是大不敬了，但是，隋文帝有五个儿子，就因为他不能明确尊卑长幼之序，所以五个都没有善终。这难道还不能成为经验教训吗？

所以李渊冷静下来之后，就对此事进行了低调处理。只是杨文干稀里糊涂地出了局。

第四节　宰相封德彝的暗助

剧情之突然反转，有一个举足轻重的人物，起了至关重要的作用，他就是宰相封德彝。

封德彝的曾祖，在北魏时代是宰相级的高官；他的爷爷，在北齐时代，也是宰相级的高官；封德彝本人，在隋炀帝时代，就是亲信重臣；到了李渊时代，他已然位居宰相；在后来的李世民时代，他依然是宰相。仅看这种家世和履历，我们就可以知道，他的势力真称得上根深蒂固。

所以封德彝一家，任你帝国兴衰变化，任你张三当皇帝、李四当皇帝，永远会在最前排就坐。

翻开三国两晋南北朝隋唐的历史，重量级的人物通常都有这种传说中的“贵族范儿”。因为在当时，门第、血统、家族都是高频词汇，四世三公、世代两千石、叔伯兄弟子侄全是高官，是普遍存在的现实。

封德彝作为一个标准的重量级人物，一言一行自然可以左右大局，更重要的是，他还有一个特殊的身份，那就是秦王李世民的重要支持者。理所当然地，李世民上台后，封德彝一直受到信任与重用；甚至封德彝死后，李世民也坚信他是自己的铁杆嫡系。

但是，封德彝死了十多年后，李世民终于发现，当年太子建成在杨文干事件中已深陷死局，剧情之所以会突然反转，有一个很重要的原因，就是封德彝以李世民支持者的身份，替李建成说了大量公道话！

知道了这一真相，李世民当即气得发狂，因为自己被这个老家伙欺骗得太久了。

此时封德彝虽然墓木已拱，李世民也没有饶过他，取消他的封赠，削夺了他的食邑，更给他改一个“好听”的谥号，那就是缪！

封德彝所能说的公道话，肯定还是前述那些陈腔滥调，但他以秦王李世民铁杆支持者的身份发声，意义、影响力自然就不同了。

封德彝之所以“首鼠两端”，很大程度上，是因为当时的李建成，拥有众多支持者，而且影响力不容小觑。在这种情况下，如果有人出面游说，封德彝难免会动摇。因为你现在继续支持秦王，就是明着要往死里整太子，如果一击不中，太子后来翻了身，那就比较尴尬了。

现在太子处于绝境之中，向你求援，你帮了他，他上位之后，自然会记得你这份大恩大德。如果你此时拒绝伸出援手，还落井下石，太子心里会多恨你，可以想象。就算太子成为皇帝后，考虑到你的家族背景，不敢与你翻脸，但是双方内心结下这样大的疙瘩，你以后还怎么与其他政要竞争呢？

如果你觉得太子必死无疑了，再向他扔一块大石头，不是多大的事，反正死人是没有机会报复你的。问题是，你看到众多大佬齐心协力地营救太子，君心难测，你何去何从，会一点犹豫也没有吗？

这些替李建成说话的大佬都包括谁，史书就讳莫如深了，因为对众人积极营救李建成的事叙述得太多，难免让后人觉得李建成的形象还挺高大；如果再罗列这些人的说辞，难免会让世人知道得太多了。

这样一来，在历史记忆中，当时替李建成说话的，似乎就只有一个当面一套、背后一套的小人封德彝，剩下的，就是李渊的那些嚼舌小老婆了。李建成的形象自然被踩得低到极点了，因为你看看他的人缘，你看看他的支持者，都是些什么人？

其实呢，李建成的支持者多了去了。因为东宫系统，本身就十分庞大，里面大哥级的人物济济，不会比秦王府逊色。更重要的是，太子是未来的皇位继承人，为了帝国权力可以平稳交接，朝堂之上的大佬，通常也是倾向于支持合法太子建成的。

第五节　还有谁在支持太子建成

太子李建成最重要的支持者，其实是当时的首席宰相裴寂。

裴寂是大唐开国第一功臣、重臣。李渊称帝时曾对他说："我能有今天，就是因为你啊。"李渊称帝初期，上朝的时候还总让裴寂和自己坐在一块，虽然有君臣的名分，但是相处的时候，始终保持朋友的礼节，而且对裴寂言听计从。李渊外出时，通常都是让裴寂主持中央政府工作。李世民刚刚上位时，在重要、公开的场合，也只有长孙无忌才能与裴寂并肩而立。

裴寂一生最大的失策，就是在太子、秦王之争中，一直站在太子一边，正因为这样，李世民上位后，他的处境就越来越尴尬。

关键是，贞观十七年（643）后，唐高祖的历史形象都越来越差了；裴寂作为唐高祖的第一亲信重臣，形象自然也只能越来越差，甚至变得跟一个丑角差不多了。大唐官方给裴寂的盖棺定论，就是一个奸佞小人，只是因为唐高祖亲小人远贤臣，他才侥幸爬到了那样高的位置上。《旧唐书·裴寂传》说：

裴寂历任仕隋，官至为宫监，总子女玉帛之务，据仓廪兵甲之饶，喜博戏之利苟多，启举义之谋为首。谒岳神以徼福，始彰不逞之心；留贵妃以经宿，终昧为臣之道。居第一之位，乏在三之规。恃高祖之旧恩，致文静之极法。终归四罪，尚保再生，幸也。

这样，裴寂作为李唐创业的主要参与者，身为高祖时代的第一功臣、重臣，画像却无法出现在凌烟阁上，还成了形象十分负面的人物。

杨文干事件中，裴寂持什么论调呢？我们在史书上找不到任何线索，但是有一点可以肯定，裴寂即使尽量持平而论，也会促使李渊相信，他一度想废长立幼，是欠考虑的。从情理说，这才是杨文干事件能够反转的重要原因。而当时发挥这样作用的重要人物，绝非只有裴寂一人。

只是李建成后来名誉扫地，所以，一方面，李世民不希望人们知道，李建成曾有那样多的支持者；另一方面，李建成曾经的支持者们，通常也希望隐没这段历史。

如果没有魏征、王珪那种从来不避讳东宫出身的大人物活跃在史书中，我们实在难以想象，李建成的支持者还能以一身浩然正气的正面形象存在。

当时的东宫系，排在最前面的人之一是太子詹事裴矩。

裴矩的资历有多深，我们只要知道如下事实就可以了：隋炀帝时代，裴矩就是宰相级的官员，是传说中的“五贵”之一；到了唐高祖时代，裴矩依然能当宰相；到了李世民时代，裴矩还是宰相级的官员。他与前文所说的封德彝是一个层次的人。

裴矩作为东宫的主要属员，太子被扳入谋反大案中，他能全身而退吗？就算他能撇清同谋嫌疑，失职之罪，肯定是免不了的吧！如果说，宰相封德彝在“风起仁智宫”后，是偷偷摸摸地帮助李建成；裴矩就是公开地站在李建成一边了。

毫不夸张地说，李世民一直无法扳倒太子建成，甚至一度差点被反杀，就是因为东宫的阵容非常强大。据《新唐书·袁朗传》记载：

武德初，隐太子与秦王、齐王相倾，争致名臣以自助。太子有詹事李纲、窦轨，庶子裴矩、郑善果，友贺德仁，洗马魏征，中舍人王珪，舍人徐师谟，率更令欧阳询，典膳监任璨，直典书坊唐临，陇西公府祭酒韦挺，记室参军事庾抱，左领大都督府长史唐宪。

但是，太子建成终于还是失败了，而且盖棺定论就是一个大反派，所以史官如果强调某个人与李建成的历史关系，难免会引来麻烦，因为这多少会使人感觉，史官是在故意翻他们的黑历史。

所以后世说到李建成的主要支持者时，就只有两个极端，要么是魏征、王珪那种正义凛然到千古罕匹的国士，要么就是蝇营狗苟的小人。

第三章　是是非非东宫系

第一节　东宫的死忠将领

李建成死后，冯立、谢叔方、薛万彻等人依然积极地率军反攻，并且一度打得秦王府军队有崩盘之势。

在危急时刻，尉迟恭扔出了李建成、李元吉的人头，遂使东宫、齐王府的军心大乱，这几个人才无奈接受失败的事实，然后逃亡了。面对冯立、谢叔方、薛万彻这种与自己顽抗到底的行为，李世民公开表示："他们一心忠于太子、齐王，真乃义士也！"

薛万彻投降李世民后，受到前所未有的重用，并成为贞观年间最著名的将领之一。李世民晚年说，当今世上能称得上名将的人只有三个。薛万彻就是其中之一。［另两个是李世勣（本名徐世勣，又名李勣，本书通称李世勣）与李道宗。］我们必须知道，秦王府出身的骁将尉迟恭、秦琼、程咬金都不能位列这第一梯队。尤称殊遇的是，李世民还把自己妹妹丹阳公主许配给了薛万彻。丹阳公主起初发自心底地看不上他，李世民还亲自出面为他们说和。薛万彻受到的这种重用、信任，就算当初取得胜利的是李建成，能给他的也不过如此吧。

不过，薛万彻尽管在李世民时代混得风光无限，盖棺定论却不能进入《忠义传》，因为李世民死后不久，他就被卷入谋反大案，被长孙无忌处死了。这样说来，如果薛万彻早死上几年，人生就真堪称完满了。

冯立给李建成当小弟，李建成死了，他继续顽抗，大有“生是太子人，死是太子鬼”的架式；谢叔方给齐王元吉当小弟，元吉死后，他的表现同样如此。而在同时代人看来，这两个人在品格上都无可挑剔。所以这两个人死后，都盖棺定论为货真价实的忠义之士。他们在正史中，都列名《忠义传》，这是一种什么规格的肯定，大家可以想象。

东宫、齐王府的死忠分子中，还有一个叫李安俨的。李建成死后，李安俨依然与李世民玩命到底，最后被俘虏了。李世民说：“你能这样忠于我哥哥，肯定也能这样忠于我。”于是就让他负责自己的安保工作，并把他当成自己的亲信。

这样看来，李安俨的形象和冯立、谢叔方、薛万彻并没有什么不同。尽管，他在东宫系统的地位，还不能与前面三个人相比。然而，李安俨在大唐历史上，之所以非常出名，是因为十七年后，他被太子承乾收买了，成为太子承乾谋害李世民的同党。

我们可以想象，李世民知道这件事后，会惊得浑身冒汗，因为太子承乾要造他的反，还把李安俨这种关键人物收买了，那还了得？这种关键人物的反水，从来是非同小可的。太子李承乾是不是具备造反的能力，这并不重要，重要的是，他如果突然造反，并且得到李安俨这种角色的协助，李世民再神功无敌，也很有可能血溅五步。

前车之鉴，李世民在玄武门之变中，之所以能绝境反击成功，就是因为他成功收买了一个类似李安俨的关键人物常何。再者，北魏道武帝拓跋珪堪称一世之雄，但是他的亲信被他十六岁的儿子拓跋绍收买了，于是拓跋珪再怎么神勇无敌也是被儿子轻松干掉的下场！

所以说，这个李安俨也够悲催的。李渊时代，他效忠于太子建成，和李世民作对，差点翻了船，后来，也算因祸得福吧。李世民时代，他又跟着太子承乾造李世民的的反，这次他就没有那么幸运了。

第二节　东宫的死忠文官

魏征、王珪都是太子建成的铁杆亲信，而且都曾积极鼓动建成火并李世民。

魏征是怂恿太子火并的主力，早已是路人皆知的事了，所以玄武门之变后，李世民就斥责他说：“你为什么一直挑拨我们兄弟之间的关系？”面对李世民的斥责，人们都为魏征捏了一把汗，但是魏征并没有直接回答这个问题，而是声称：“如果太子建成早点听我的话，就不会发生今天这种事了。”

魏征之为人，在任何时候，都不会输掉气场，即使在“人为刀俎，我为鱼肉”的关头，也依然保持一种不亢不卑的态度。他的回答，往温和里理解，就等于说：我可从未挑拨过你们兄弟的关系，如果太子真心听我的话，火并就不会发生了。往强硬里理解，就等于说：太子如果早听我的话，现在死的人，恐怕就是你了！

看到魏征这么有种，李世民自然不敢再责问下去，更不敢试图让他低头了，因为这样一问一答下去，自己很可能会下不了台。所以，李世民马上换了一副面孔，对魏征极尽吹捧，抒发仰慕之情。看到李世民不再对自己居高临下，魏征反而愿意低头了。因为魏征这种人物，并不介意投降，但是他必须非常有尊严地投降。

王珪怂恿太子与秦王争斗，更一度因为太过露骨，被高祖点名批评，并因此被流放到了边远的地方。因为在高祖看来，李建成、李世民关系越来越紧张，就是因为王珪等人从中挑拨。

李世民杀死建成后，赶紧召回王珪，希望他能与自己合作。当然了，为了达到目的，李世民也没少说自己“一直仰慕”王珪的话。既然李世民愿意弯下腰和自己说话，王珪也就答应和李世民合作了。

魏征、王珪在唐初，可都是非同小可的人物。

王珪的历史知名度，虽然不及魏征，但是地位之高，一点也不逊色，他在贞观二年（628）就是大唐宰相了，且和魏征一样，以直言敢谏、刚正不阿闻名于世。

王珪有多牛，我们只要知道一件事，就可以想见：登上皇位之后的李世民非常宠爱魏王李泰，但是公卿将相见到李泰，都没有下拜的习惯，所以李世民非常生气。于是李世民把公卿将相召集于一堂，并且大发雷霆：“你们不给魏王面子，就是不给我面子，不给我面子，看我怎么收拾你们！”看到李世民这副穷凶极恶的样子，以房玄龄为代表的公卿将相都吓得满头大汗，并且一个劲儿磕头认错。此时此刻，依然无所畏惧的人，也只有东宫出身的王珪、魏征。王珪明确表示，公卿将相礼敬亲王，是没有道理的事。至于魏征，更是硬桥硬马地公开怼李世民，还要怼得他低头认错。事实上，魏王李泰见到王珪从来都是执弟子之礼的，而王珪见到李泰，也总是摆足老师的谱。

再说一些题外话。东宫出身的魏征、王珪，面对李世民，从来都是直言敢谏、刚直不阿，相比之下，秦王府出身的房玄龄等人，从来都是唯唯诺诺。为什么会如此，颇费思量。

有一次，李世民的后宫营建过于奢华，房玄龄等重臣有点看不下去，遇到宫中的主管，就询问了一下情况。李世民一看房玄龄等重臣想干涉自己的生活，当时就火了：“我在后宫干什么，与你们什么相干！你们操好自己的心就可以了！”房玄龄等一见天颜大怒，当即吓得磕头认错。

魏征就对李世民说："我实在不知道房玄龄等人做错了什么，也不知道您为什么会发这样大的火，更不明白房玄龄等人为什么还要认错。不管怎么说，我希望您注意点形象，您现在的所作所为，被史官记在史书上，您觉得后人会怎么看？"面对魏征的直言，李世民当即服了软。

魏征写的东西，用现代的眼光看，就是回忆录。他曾把自己劝谏李世民的事由、言语、具体场景，全部整理出来，并且送到了史馆，其中大多是和上面的例子差不多性质的小故事。

然而，魏征死后不久，李世民就推翻了他的墓碑——上面还有李世民亲笔书写的碑文。很重要的一个原因，就是李世民发现魏征在回忆录中，习惯性地美化自己，丑化别人。在他笔下，秦王府出身的重臣，好像都是一脸的奴才样，而李世民的各种错误也被肆意添油加醋。当然了，李世民推翻魏征墓碑的原因并不是只有这样一个，但是这个原因非常重要。

如果事情到此结束，我们在历史书上所能看到的魏征形象就寒碜了。因为这意味着，大唐官方彻底否定了魏征，既然如此，魏征的回忆录，自然就是禁书，很难流传了。

转机在于，李世民后来攻打高丽，狼狈而回，没面子到了极点，于是又把魏征扛了出来："如果魏征在，他肯定不会让我这样做的；如果我不这样做，就不会有今天的狼狈局面。"在这种背景下，大唐帝国又重新给魏征定论，李世民又给魏征翻案了。

上面所说的内容，其实只是冰山一角，因为李建成的实际影响力、东宫的整体实力，远不是靠薛万彻、魏征等少数人撑起来的。

第三节　庞大的东宫　忠诚的东宫系

东宫系统之庞大，完全是中央政府组织的缩小版。詹事府、左春坊、右春坊就是小而化之的尚书省、门下省、中书省；太子詹事、左庶子、右庶子，就是小而化之的尚书令、侍中、中书令，太子当了皇帝，他们通常都有机会当宰相。比如玄武门之变后，李世民入主东宫，他的两个左庶子分别是长孙无忌和杜如晦，右庶子分别是高士廉、房玄龄，这些人的影响力就不必说了。

东宫系统的属员，可想而知，有多么希望太子建成顺利继承皇位。就像秦王府的属员，希望秦王一举取代太子建成一样。只有自己一系的势力取得最终胜利，他们的利益，才能最大限度地得到保障。正因为这样的原因，虽然玄武门之变中，李建成、李元吉被突袭斩首，但是面对东宫将士的反击，秦王府也面临崩盘的风险，因为东宫的实力比起他们是有过之而无不及的。

魏征、王珪、冯立、薛万彻等人，为什么要忠于太子李建成，而一心和秦王李世民作对呢？

因为李建成是失败者，所以从传统的史书看，魏征、王珪、冯立等人忠于太子建成，绝不可能是因为太子建成有着过人的道德魅力，更不可能是因为太子建成绝胜千里、神功无敌。然而，魏征、王珪都是刚正不阿的正义化身，冯立更是名列《忠义传》中，所以他们忠于太子，似乎也不可能是因为贪慕其权势与地位。

这样说来，也就奇怪了，魏征、王珪、冯立等人，到底为什么会忠于太子李建成呢？

其实呢，这些人忠于太子建成的原因，与房玄龄、程咬金等人忠于秦王李世民，并无本质差别，那就是工作的需要，是现实利益的需要。

这就好像，张三、李四、王五是同一行业不同公司的高级经理人。基于利益关系，他们自然都会希望自己的公司占据更多的市场份额，乃至于，如果没有反垄断的力量制约，他们都希望把对手挤得破产，然后收购它们！围绕这一切产生的竞争，我们很难说谁代表正义，谁代表邪恶；更难说谁有利于国家，谁危害国家。

李建成、魏征、王珪、薛万彻、冯立为代表的东宫力量，与李世民、长孙无忌、房玄龄、尉迟恭、程咬金为代表的秦王府力量，争得你死我活，无非是因为各自的工作单位不同罢了。

如果唐高祖李渊一开始把魏征、王珪、冯立、薛万彻等人分配到秦王府工作，这些人肯定会忠于秦王李世民，积极帮助他夺储的。如果唐高祖李渊一开始把房玄龄、程咬金等人派到东宫工作，这些人肯定也会忠于太子建成，积极帮助他巩固储君之位的。

尉迟恭在秦王府工作，自然会说“秦王对我有不杀之恩,所以我这一百多斤,就全交给秦王李世民了”之类的话。然而，如果大败刘武周之后，李渊就把尉迟恭调到东宫上班，尉迟恭肯定会换上另一套说辞:“忠有大忠小忠之分，义也有大义小义之别。秦王李世民对我再好，在这种大是大非的问题面前，我也会选择大忠大义，而不会选择小忠小义！”

历史上的很多是非之争，通常都是扯淡的，道理是圆的，舌头是软的，怎么说不可以呢?

支持李建成的人，自然会大肆鼓吹嫡长子继承制，而这种理论从封建礼法上说，好像一点毛病也没有！一言以蔽之，先帝死了，太子就算是传说中扶不起的刘阿斗，人们也必须忠于他啊。在这种舆论下，谁敢说“太子昏庸无能,我们没必要忠于他”,肯定会让大家用唾沫喷飞的！因为这就是公然发表乱臣贼子的言论。

支持李世民的人，自然会大肆鼓吹立功立德立贤。这种理论，也自然有其依据，历史上一些最著名的君主，比如汉文帝、唐太宗、宋太宗、明成祖都是靠它上位的。关键是抛开宗法制度的束缚，人们也从心底非常容易接受这种观点。但是从封建礼法的角度说，这显然是大逆不道的。因为早就有人说过：周公是圣人，而且是周文王的亲儿子，周成王是个小屁孩，而且成事不足败事有余，但是当时没有人敢鼓吹让周公正式取代成王啊！因为当时的人讲礼法。现在礼乐崩坏了，所以各种乱臣贼子的言论才会大行其道。

皇权时代的许多竞争通常与正义邪恶无关，只是各为其主罢了！建成、元吉、世民的兄弟相残，最初的结论，也是如此的。所以，魏征、王珪一心怂恿建成火并秦王李世民，依然被认为是正义之士；薛万彻、冯立、谢叔方为着效忠建成、元吉而负隅顽抗，也是传说中的正义之士。

但是随着时光的流逝，这种本无是非的相争终于被改写成了正义邪恶之争。正义战胜邪恶的叙述模式，比较符合胜利者的利益，与此同时，也更符合大众喜欢看英雄传奇的心理。

第四章　贞观十七年　玄武门之变再上演

第一节　从前儿逼父　今朝诸儿露杀机

贞观十七年（643），对李世民来说，绝对是黑色的。

一月十七日，魏征去世。

听到魏征去世的消息，李世民伤心极了，一方面为魏征准备了隆重的丧礼，另一方面又给他亲笔题写了碑文。

他随后又说出了一段千古名句：“用铜做成镜子，可以用来整齐衣帽；将历史当成镜子，可以观察到王朝兴衰隆替的奥秘；将人当成镜子，可以认识自己行为的得失。魏征死了，朕失去了一面绝好的镜子。”

这件事本身并不黑色。

黑色的在于，几个月之后，李世民竟然发现，魏征就是一个伪君子、阴谋家，自己这么多年，一直被他玩弄于股掌之上，于是当时就失态了。

我本来想把女儿嫁给你儿子的，现在看来，就免了吧！我还在你的墓碑上，说你是古今第一完人，现在看来，你根本就配不上这一美誉！

幸好魏征死了，如果他还活着，你说他能得到善终吗？如果魏征不能善终，就算李世民后来给他平反，这千古的君臣际会佳话，恐怕也会留下太大的阴影。

但是那一年发生的事，实在太多了，这件事相比之下，就不算大了。

三月六日，李世民接到消息，齐王李祐造反了。

李祐是李世民的亲儿子。虽然说，这场叛乱很快平定了，李祐也很快被李世民弄死了，但它给李世民造成的心理阴影，显然是空前的。

十七年前，李世民杀兄逼父，爬上了皇位。现在，李世民的儿子长大了，又为了夺取皇位而谋杀李世民，这叫什么事呢？结果，李世民因此杀了这个儿子，你说，这又叫什么事呢？

当然了，如果事情就此结束，以李世民的心理素质，这种程度的打击还是可以承受的，然而，这只是序幕，真正的大戏还在后面。

在审查齐王李祐谋反案时，七牵八扯的，竟然把太子李承乾的一个贴身侍卫给牵扯了进去。

这名贴身侍卫，坐在死囚牢里，越想越不甘心，他实在不想死啊！四月一日，他终于决定告诉李世民一个大秘密，希望用这个秘密换取自己的生命。

听到这个秘密，李世民当场惊呆了。

这名太子贴身侍卫告诉李世民，太子曾对他们说过，东宫与大内只有二十步的距离，如果他突然发难，就算皇帝真的神功无敌，也难逃过玄武门之变的重演！

当然了，这些狂悖之言还不是最惊人的，重点在于，现在太子已然联络了很多人，天天密谋着如何抢班夺权，而且马上就要进入实施阶段了。

李世民马上派人下去彻查此事，发现这一切竟然是真的！

这可把李世民吓坏了，因为一切就如太子承乾所说，东宫与大内只有二十步的距离，如果他们突然玩一手“玄武门之变”式的把戏，李世民被稀里糊涂地清理出局，也没有什么奇怪的。

我们必须知道，当时有两个非常可怕的人物，参与了太子承乾的叛乱，他们就是侯君集、李安俨。

侯君集是贞观年间最著名的宰相之一，也是大唐最著名的统帅之一，他率军远征高昌，是大唐历史上最著名的一次军事行动。更重要的是，玄武门之变时，侯君集是李世民最主要的助手，击杀建成、元吉时，李世民一共带着十个小弟，侯君集就是其中之一。毫无疑问地，侯君集坐在朝堂上，就是宰相；率军出征，就是统帅；关键时候，还可以充当打手。端是凶悍无比的人物。

侯君集固然可怕，但是对李世民而言，李安俨更可怕。李安俨从前是李建成的亲信，李建成死后，李安俨坚持抵抗了很久。后来，李安俨归顺了李世民，李世民认为他就是传说中的忠义之士，因为他对旧主实在太忠心了，所以李世民就让他负责自己的安保工作。现在，李安俨竟然也参与了太子的密谋，更让李世民感觉自己有一段时间，简直是在鬼门关附近晃悠。

想到这件事可能造成的严重后果，李世民再看李承乾的贴身侍卫，难免会感觉，这肯定是老天爷派来救自己的人！按理说，这个侍卫罪无可赦，因为他牵连进齐王李祐案中，已是死罪了，现在又牵连进了太子承乾案，更是死罪了。但是，既然李世民突然觉得，这个人就是自己的救星，那他的一切罪过就都可以赦免了。不但如此，还得大大地封赏他！于是，李承乾的这个前贴身侍卫，被李世民任命为川府折冲都尉，封爵平棘县公。

第二节　太子绝境反击　魏王功败垂成

李世民把李承乾抓起来，就大声斥责他："你这个猪狗不如的东西，我哪点对不起你！你身为人子，竟然天天想着谋杀自己的老爸，你还叫人呢？"李承乾虽然一再磕头认罪，也忍不住泪流满面地告诉李世民："这都是你逼我的！这都是你逼我的！！"

我是大唐帝国的合法太子，你却一直默许、纵容我弟弟抢我的太子之位。你不害怕玄武门之变重新上演，我还害怕玄武门之变重新上演呢！你是熟读史书的人、顶尖的政治人物、经过各种大风大浪的一代雄主，你难道不知道，纵容亲王与太子相争的后果是什么吗？你什么都知道，还要这样做，分明就是希望我死啊！是的，我身为人子，天天想着谋杀自己的老爸，就是罪无可赦的猪狗，但是你没有错吗？更重要的是，我弟弟没有错吗？你天天就盯着我的错，怎么不看看我弟弟的错？更不可思议的是，你直到现在，还信任我那个豺狼般阴险的弟弟，你肯定会后悔的！因为这个世界上，最阴险、最坏的人就是他。你以为，你是世界上最聪明的人，其实，你一直被他玩弄于掌股之上。

面对李承乾的这种哭诉，李世民实在无法生起气来，只是感到一种发自心底的悲哀，因为这些话听起来太耳熟了。他再回头看看魏王李泰，终于发现，一个前人都无法逃脱的宿命悲剧，似乎又要在李氏皇族上演了。

到目前为止，李世民已杀了一个哥哥（建成）、两个弟弟（元吉、元昌）、一个儿子（李祐）、十个侄子（建成、元吉诸子）、一个女婿（杜荷）、一个外甥（赵节）。现在，他还要杀掉与自己感情甚笃的长孙氏所出的太子承乾吗？李世民终于选择了饶恕。

当然了，目前发生的一切，与两晋南北朝普遍存在的皇族血腥屠杀相比，实在不过是小儿科罢了。问题是，以后还会发生什么，谁知道呢？

魏王李泰，一直把父亲李世民当成自己的学习榜样，而且看起来，他就是当年秦王李世民的翻版、升级版。

秦王李世民当年气势如虹，最后也只能靠喋血玄武门，才侥幸取代了太子李建成。现在的魏王李泰，凭借强大的气场，就把太子承乾逼得自己跳入了火坑，然后再借父亲太宗之力，一步步逼近了太子之位，本事更胜一筹！

联想到当年的自己，李世民心中难免会浮现出一个更大的阴影。现在的魏王李泰，已兵不血刃地陷太子承乾于绝境，下一步呢？

这样，魏王李泰尽管成功扳倒了承乾，可看着一步之遥的太子之位，就是无法爬上去。因为李世民实在害怕，魏王李泰会重走自己的道路。于是在关键的时候，李世民一翻手，魏王李泰就被逐出了权力核心，而站在魏王李泰身后的人，也全被清理出局了。他们不过是为他人做嫁衣裳罢了！

第三节　魏王、太子分庭抗礼

李渊时代，秦王李世民一直和太子建成分庭抗礼，并且咄咄逼人地威胁着太子建成的地位。

李世民为什么会拥有这么高的地位呢？因为他是最后胜出者，所以历史提供的答案很简单，那就是秦王李世民神功无敌、功勋盖世，是不世出的英雄豪杰。

李世民时代，魏王李泰一直拥有和太子承乾分庭抗礼的地位，并且咄咄逼人地威胁着太子承乾的地位。

魏王李泰又为什么会拥有这么高的地位呢？单从史书的字面看，似乎是因为太子不求上进，而魏王聪明好学。

但是如果我们撇开那些纷纷纭纭的文学性细节，直接面对最基本的事实，我们就会发现，一切并没有这样简单。

魏王李泰到底为什么会这样牛呢？我们只要简单看看他的简历，就可以知道答案了。

贞观二年（628），李泰九岁，受封扬州大都督与越州都督，督常、海、润、楚等二十二州军事。同时受封的李恪，仅领八州。贞观六年（632），李泰十三岁，受封鄜州大都督及夏、胜等五州都督。贞观八年（634），李泰十五岁，又被授予雍州牧一职。贞观十年（636），李泰十七岁，又领了相州都督，督相、卫、黎等七州军事。

看到李泰这种履历，真有人相信，他能拥有与太子承乾分庭抗礼的地位，是因为他能力优秀吗？

更神奇的是，当公卿将相对魏王李泰不够尊敬时，李世民会大发雷霆。

李世民授予魏王李泰那么多的头衔，并且不惜用恐吓的方式，让公卿将相都礼敬他，他能与太子分庭抗礼，有什么奇怪的？

亲王与太子分庭抗礼是什么后果，李世民不知道吗？他肯定是知道的！因为不要说李世民那种第一流的政治家了，就是随便拉出个政客，也知道这样折腾下去肯定会出事。

问题是，李世民就要这样玩，大家有什么办法呢？

所以魏征就警告李世民："您这样骄纵魏王李泰，还用看前代的历史教训吗，只要看看本朝历史就可以知道了！太子、亲王并重，是骨肉相残的前奏，一个弄不好，就是皇族大内讧、帝国灭亡啊！我们做臣子的，都奉行尊卑有序之理，不去巴结强势亲王，这有什么错啊？您为什么为此大发雷霆呢？我们都去巴结强势亲王，太子就没有安全感了；而太子一没有安全感，各种不逞之徒就会在太子、亲王之间押宝下注。最后，您认为会出现什么结果？”

第四节　前人翻车　后人继续

唐高祖让秦王李世民与太子李建成分庭抗礼，按传统史书的说法，比较好理解，因为秦王李世民神功无敌、功勋盖世，唐高祖控制不了他，只好眼睁睁看他坐大。

当然了，唐高祖这样做的结果，就是自己两个儿子变成了不共戴天的仇人。

问题是，历数往代，隋文帝让晋王杨广与太子杨勇分庭抗礼，又所为何来呢？更有甚者，杨勇出局后，文帝又让汉王杨谅与新太子杨广分庭抗礼，是何苦来哉？要知道，隋文帝这样做的结果，也是让自己这三个儿子，变成了不共戴天的仇人。

唐太宗李世民，亲身经历过兄弟相残的人伦悲剧，还要继续让儿辈的太子承乾、魏王李泰分庭抗礼，劝都劝不住。毫无悬念，李世民这样做的结果，也是自己这两个儿子，成了不共戴天的仇人。

既然太子、亲王分庭抗礼与父子成仇、兄弟相残有必然联系，隋文帝摔入这个深坑，唐高祖继续摔入，英明神武的唐太宗还要跟着摔入，这一切的一切，是为什么呢？

当我们把历史视线拉长后，会更惊讶地发现，以太子、亲王分庭抗礼开场，以手足相残收场的，是很长一个历史时期内反复上演的经典剧目，绝不限于隋文帝、唐高祖、唐太宗三朝。

早在后赵皇帝石虎让太子、亲王势均力敌的时候，就有人劝石虎说："太子、亲王并重的结果，通常就是骨肉相残啊。翻开历史书，这种血淋淋的例子太多了，您千万别蹈这种覆辙啊！"石虎以为自己能逃过这种命运，结果肠子也悔青了。因为，最后哥哥杀了弟弟，儿子想杀老爸，老爸反杀了儿子，爷爷杀了孙子……石虎受不了这种刺激，终于一病不起了。在病中，石虎哭喊着："苍天啊！大地啊！我到底做错了什么，你要这样惩罚我？"

再远一点例子，孙权让太子、亲王并重时，人们也都劝他："您这样玩下去，真的非常危险，因为太子、亲王并重，这就是手足相残的前兆啊！"孙权并不信这个邪，结果也把肠子悔青了。因为两个儿子明争暗斗之激烈，实在有让帝国崩盘的趋势。最后他亲自下令杀了这两个儿子，并杀了众多文武官员，才控制住了这种势头。

因为众所周知的原因，看到李世民让太子承乾、魏王李泰分庭抗礼，人们自然纷纷劝谏李世民："您适当压制一下魏王李泰的权势吧，这样发展下去，后果实在不堪设想。"

面对人们的这种劝谏，李世民自然是不屑一顾，因为这种一加一等于二的政治常识，我还用你们告诉？你们说来说去，不就是想提醒我，小心玄武门事变再度上演吗？

李世民就是传说中的艺高人胆大，所以尽管看着前人在这个坎上一再翻车，他也始终相信自己可以打破周期律。但是很不幸，血淋淋的事实，终于让李世民清醒，因为太子承乾、魏王李泰果不其然成了仇人，而且太子承乾竟然磨刀霍霍地想杀自己。

更让人无语的事还在于，在这种血淋淋的事实面前，后人依然不吸取教训。安史之乱时，唐肃宗依然想让太子主政，建宁王主军。看到唐肃宗这样玩，他的首席智囊李泌就说：“您这样做非常危险，千万不要忘了玄武门的事。”唐肃宗说：“没有这样夸张吧，我们家父慈子孝、兄友弟恭，怎么会发生这种事呢？”李泌说：“太宗皇帝就是因为主军上位的，玄宗皇帝也是因为主军而上位的，这就不是父慈不慈、子孝不孝的事！如果让建宁王主军，就算他无意追求皇位，追随在他身后的军方势力，也不会同意啊！”在首席智囊的劝说下，唐肃宗暂时放弃了这个主张。谁知唐肃宗后来又忍不住让另一个儿子越王李系主军。越王李系主军的结果，就是唐肃宗快死时，李系在皇后的支持下，蠢蠢欲动地想复制李世民的上位经验了。但是很不幸，他没有成功，被太子反杀了。

看完这么多雷同的剧目，再看太子建成、秦王世民相争的故事，我们真能相信，这只是因为秦王世民神功无敌、李渊偏听偏信、李建成德不配位才出现的偶然惨剧吗？

令人疑惑的是，既然皇帝让太子、亲王分庭抗礼，注定会引发手足相残、父子反目的悲剧，为什么大家都一意孤行要这样玩呢？

用唯心史观看相关历史，我们自然会把这样的咄咄怪事归因于当时的皇帝都缺乏政治经验，都不懂得吸取历史教训。但是当我们用唯物史观看历史时，自然会发现，他们都有着迫不得已的苦衷。换言之，在当时的背景下，他们这样玩，自然是弊端重重，但是不这样玩，弊端更多。

第五节　危机四伏的东宫

后赵皇帝石勒生前，经常让世子石弘主持中央政府工作，给他配备直属军队上万人，还让他节制车骑所统的五十四营军队。结果呢，石勒尸骨未寒，石弘就被石虎（石勒的侄儿、石弘的堂兄）火并了，关键是，乱臣贼子还杀光了石勒的亲儿孙。

翻开两晋南北朝的历史，这种故事就如同家常便饭：

刘渊死后，太子刚当皇帝，就被弟弟杀了。

刘聪死后，太子刚当皇帝，就被外戚杀了。

李雄死后，太子刚当皇帝，就被堂弟杀了。

石虎死后，太子刚当皇帝，就被堂兄杀了。

苻健死后，太子刚当皇帝，就被堂弟杀了。

宇文泰死后，太子刚当皇帝，就被堂兄杀了。

刘义隆死后，太子刚当皇帝，就被弟弟杀了。

刘骏死后，太子刚当皇帝，就被叔叔杀了。

刘彧死后，太子刚当皇帝，就被叔叔杀了。

萧赜死后，太子刚当皇帝，就被堂叔杀了。

陈蒨死后，太子刚当皇帝，就被叔叔杀了。

高洋生前，为了帮助太子守住家业，各种悉心教育，还让太子主持中央政务。结果呢，高洋临终的时候，几乎是哀求自己弟弟高演说："你想当皇帝就当吧，只希望你不要杀我的儿子。"（"夺则任汝，慎勿杀也。"）但是很不幸，高洋刚死，他的儿子就变成傀儡，并很快死于非命。

有讽刺意味的是，高演篡夺皇位，杀了自己侄子，临死时，也是几乎哀求自己弟弟说："你想当皇帝就当吧，但是希望你不要杀我儿子。"（"汝可以乐处置之，勿学前人。"）但是很不幸，高演刚死，他的太子也死于非命了。

罗列这一切，是为了说明，当时的太子普遍置身于什么样的境地中。

面对这种血淋淋的事实，没有一个皇帝敢不加强东宫的实力，因为不加强东宫，太子注定只有死路一条，与之相随的是整个家族走向毁灭。

由于这样的原因，在那种时代背景下，太子或太孙所代表的东宫系统，永远是仅次于中央政府的第二大权力系统。因为只有让这个权力系统足够强大，才能保证太子顺利接班，并且在接班后稳住局势。

如果皇帝只需要解决这一个问题，情况还不是十分复杂。棘手的是，太子势力太大，羽翼丰满得太早了，必然会威胁到还不想退出历史舞台的皇帝。所以皇帝面对这个问题，会陷入两难之中：太子势力小了，会死于非命，还有可能让全家跟着一块死于非命；但是太子势力大了，就有可能抢班夺权。

隋文帝杨坚一心培养太子杨勇，结果呢，太子势力越来越大，大臣们纷纷向太子表忠心。最后隋文帝天天害怕太子杀了自己，据说半夜上个厕所，都害怕得不得了。既然如此，太子杨勇的政治生涯算是走到尽头了。

当然了，在历史童话中，杨勇之所以失位，是因为他喜欢享乐，而晋王杨广假装生活俭朴，骗取了父皇母后的好感。其实呢，太子杨勇之所以被废，只有一个原因，他的势力大到了让文帝毫无安全感的地步。

出于同样的原因，唐高祖李渊必须加强太子李建成的实力，这是没有办法的事情，因为不这样做，太子建成只有死路一条，还有可能带着全家一块死。历史上这种血淋淋的教训，真是数不胜数。

问题是，加强太子建成的实力，太子就有可能抢班夺权。出于这样的顾虑，李渊必须玩一个危险的招数，那就是设置强势亲王制约太子。太子与亲王分庭抗礼的后果，随便拉出个人也知道，那就是随时会上演骨肉相残的悲剧，但是处于特定的历史条件下，皇帝也只能这样玩，这是没有办法的办法。

所以隋文帝这样玩，李渊继续这样玩，李世民这个算无遗策的高人，看着前人纷纷翻车，还要这样玩。

李世民的兄弟建成、元吉、元昌、元景，都死于骨肉相残之中；李世民的儿子李承乾、李泰、李恪也都在家族内讧中死于非命。但大唐皇族的悲剧还远远没有结束。

我们得知道，这些皇子都是李氏一族的“强枝”，他们被清洗出局的后果，就是则天大圣的横空出世。面对武则天带血的屠刀，李氏皇族如同待宰的猪羊，根本无法组织起任何有效的抵抗。

遥想当年，吕后也是磨刀霍霍，但是因为刘氏皇族先天强大，所以她终于不敢痛下杀手。

说到刘邦分封诸王，后人总是居高临下地批评他开历史倒车，然而，如果没有强大的刘氏诸王存在，吕后也好，周勃也罢，想对皇族大开杀戒时，刘氏恐怕也是待宰的猪羊！

事实是，刘氏皇族太强大了，所以吕后不但得尊重他们的既得利益，还得接受他们的公然挑衅。

话说有一次，大汉帝国举行国宴，刘章就说：“我给大家唱一首耕田的歌。”吕后笑着说：“你老爸出生于农家，说到种田也许在行；你出生王侯之家，也懂得耕田？”刘章说：“耕田还不简单？把真正的苗保留下来，把那些不是苗的野种都锄掉就可以了！”

刘章的这种言语，就是对吕氏的公然挑衅。一言以蔽之，天下是我们刘家的，现在倒好，让吕家人喧宾夺主，这不是反天了吗？我一定要找机会，把那些喧宾夺主的外姓，全部除掉！面对刘章这种无法无天的狂言，吕后只能沉默不语。

刘章是个行动派，在这次国宴上，他很快就找到茬把一个吕氏家族成员当场捅死了。面对刘章这种无法无天的行为，吕后也只能妥协，因为刘章的行为，代表着整个刘氏皇族的共同心声，而刘氏皇族有多强大，对汉初历史有点了解的人都知道。

后来呢，周勃、陈平清除了吕氏，请代王刘恒到长安当皇帝。代王的许多亲信就认为，周勃、陈平等开国功臣，都是乱世造反起家的猛人、狠人，代王这种没势力的皇子到长安当皇帝，恐怕也就是给他们当一个傀儡。但是宋昌说："高祖皇帝当年分封天下是为什么呢？就是为了防止这种事出现啊！现在天下还是刘氏的天下，刘氏诸王遍布四海，而且势力巨大。周勃、陈平之类的人，长了几个脑袋，敢挑战刘氏皇权？所以，您就放心到长安当皇帝吧。"

是不是说得有点远了？我只是想说明，围绕皇权而进行的争斗，没有半点温情可言，什么亲情、礼法，都显得那么苍白。

只要我们明白这个道理，自然就会懂得，诸如分封诸王、设置藩镇、重用外戚、倚靠太监等等传统政治中的昏招，随便拉出一个路人来，也知道它们是弊端重重的，但是皇帝就是要一意孤行地蹈前人覆辙的原因。

第五章　玄武门之变成往事　太子盖棺无定论

第一节　风光大葬　太子建成走完最后一程

玄武门之变后三四个月，经过李世民的一系列运作，总算尘埃落地了。大唐帝国终于开始考虑太子建成、齐王元吉的安葬问题了。经过简单的讨论，李世民决定十月一日安葬太子建成、齐王元吉。

天公也非常给太子和齐王面子，因为难得一见的日食，竟然在那一天出现了。这似乎证明，老天爷也对这两位皇子表示沉痛的哀悼。

已经登基的李世民"痛哭于宜秋门，甚哀"。他的痛哭，肯定有演戏的成分，但是更多的，恐怕还是真情实感的流露。毕竟他们是一奶同胞，从小到大生活在一起，甚至在成年后，也是一块学习文韬武略，一块打天下。但是走着走着，他们终于人在江湖身不由己，变成不共戴天的仇人！

如果上天再给他们一次机会，放弃皇权的争逐，可以换来父子兄弟的相亲相爱，他们会做出不一样的选择吗？这个其实很难说。皇权的魅力就在于，人们明知道它是一个嗜血的怪物，依然忍不住去接近它；人们明知道得到它的代价，就是把全家都送上祭坛，随时供它吞食，依然忍不住迷恋它。

可以想见，即使李世民在刚开始哭的时候，有演戏的成分，哭到后来，也肯定是悲从中来了。

当李建成、李元吉的棺木将要出发时，魏征、王珪请求李世民允许他们扶棺，话说得非常诚恳：

臣等昔受命太上，委质东宫，出入龙楼，垂将一纪。前宫结衅宗社，得罪人神，臣等不能死亡，甘从夷戮，负其罪戾，置录周行，徒竭生涯，将何上报？陛下德光四海，道冠前王，陟冈有感，追怀棠棣，明社稷之大义，申骨肉之深恩，卜葬二王，远期有日。臣等永惟畴昔，忝曰旧臣，丧君有君，虽展事君之礼；宿草将列，未申送往之哀。瞻望九原，义深凡百，望于葬日，送至墓所。（《贞观政要·论忠义》）

对于他们的这种要求，李世民自然表示允许，他非常了解魏征、王珪代表的政治能量，所以绝不会轻易驳他们的面子。

魏征、王珪为什么丝毫不畏惧新皇帝的猜忌而执意要表达对旧主的感情呢？因为忠义的“人设”对他们而言，就是生命的灵魂所在，你如果推翻了他们的“人设”，就和弄死他们没有区别。

这么做的风险在于，如果产生示范效应，引得东宫、齐王府的全体属员都跟着请求去送行，李世民就比较被动了，因为这等于人们用公开行动，集体挑战他的权威。李世民的做法是，主动下令让东宫、齐王府的成员，都跟随魏征、王珪送太子、齐王最后一程。这就是高一个段位的做法。

本来呢，东宫、齐王府属员要给太子建成、齐王元吉扶棺，只是自发行动，基于他们的忠义，客观上凸显的是太子建成、齐王元吉的人格魅力；现在一切都成了奉旨办事，凸显的是新皇帝的宽宏大量和体贴人情。

总之，死人是无害的，不论东宫、齐王府成员多么尊敬旧主，旧主也死了，连他们的子嗣也都被斩草除根了。而李世民这样做，等于维护了前东宫、齐王府属员做人的尊严，他们会为此感恩戴德的。

第二节　建成虽已死　东宫势未消

值得注意的是，太子建成、齐王元吉虽然已经盖棺了，但都没有定论。

原因是显然的，对李建成、李元吉过于贬低，会让从前的东宫、齐王府成员非常尴尬。

因为说一千道一万，这些人以前都是给李建成、李元吉效力的。现在有人公然抹黑李建成、李元吉，他们却不敢为之辩解，甚至还要随声附和，这就好像大庭广众之下，被人打脸，还要以立正的姿势承受一样。他们如果这样被人欺负，还得忍气吞声，以后还怎么挺起腰杆做人呢？

从这些人在李建成、李元吉葬礼上的表现，我们就可以看出来，他们是不会轻易输掉气场的。因为输掉气场，就意味着现实利益也没法保住了。

既然李建成、李元吉那样无能，那样不是东西，这些人还跟着李建成、李元吉，一块陷害功高盖世、为国为民的秦王李世民，就凭他们这种表现，怎么有资格在贞观年间前排就坐呢？出于这样的原因，如果在李建成、李元吉盖棺时，就把贞观十七年（643）的那种定论拿出来，东宫、齐王府的旧部，肯定是不能恬然自处的。

当然，无法给李建成、李元吉盖棺定论，还有一个非常重要的原因，那就是贬低他们，会让太上皇李渊无地自容。因为李建成、李元吉成了动画片中的丑角，李渊也会跟着成为动画片中的丑角！

按贞观十七年后的说法，无德无才的李建成、李元吉，可以把功高盖世、神勇无敌的李世民，逼得退无可退，不得不杀兄逼父，只能是因为李渊昏庸无能、是非不分、忠奸不辨。

传统史书上，有一个流传非常广的段子。话说，在玄武门事变前不久，面对突厥人的威胁，有人想出一个非常惊人的战略：“我们一把火把长安城烧了，然后迁都到长江一线，就可以把突厥外患化解于无形之中了。”听到这种如同梦话的愚蠢战略，李渊竟然双手赞成；李建成、李元吉也是双手赞成；李渊的亲信重臣裴寂，也是双手赞成。但是秦王李世民，以及支持李世民的正义人士一听，都是拼命反对，开什么玩笑，这种话是心智正常的人讲得出来的吗？当然了，在秦王李世民的力挽狂澜下，大唐帝国终于放弃了这种错误的战略。

这件事虽然出自正史，而且被辗转引用，但是我可以肯定地说，它就是一个段子！与此大同小异的段子，在所谓的正史中，那是多的去了。事实上，李世民可以洗白玄武门之变，就是靠大量的这种没品段子实现的。因为看完这种荒唐的例子，人们肯定会觉得，李世民杀兄逼父，纯粹就是为了天下人的利益啊！因为李渊、李建成、李元吉的能力和智商低下到了极点，如果让他们掌控天下，那就不是亡国，而是亡天下了！

贞观初年，李世民还需要团结李渊、李建成、李元吉的嫡系人马，如果他凭一己之意给李建成、李元吉盖棺定论（比如把贞观十七年的观点拿出来），实在有可能突然被人拉下皇位的。毕竟把那么多山头都逼到对立面，实在太可怕了。

反之，给李建成、李元吉定论太高，又会让李世民无法自处，因为李建成、李元吉既然没有出格的失德，李世民把他们全谋杀了，是何道理？关键是，还把他们十个儿子全斩草除根了，这等心狠手辣，是非常有损他的明君形象的。

所以，在贞观初年，李建成、李元吉一直处于盖棺未定论的状态之中。武德九年（626）六月初四那个夜晚究竟发生了什么，始终是一个禁忌的话题。虽然人们都知道有这样一件事存在，但是很少有人敢提及它；虽然这件事非常惊天动地，但是在官方叙事中，却只能找到几行非常隐晦的、含糊其辞的记述。

因此，大唐的开国历史，在很长一段时期内，还是李渊时代御用文人的手笔。在这种历史记录中，大唐帝国的缔造者，毫无疑问是唐高祖李渊，大郎李建成、二郎李世民都只是李渊的得力助手。

第六章　大唐重新修国史

第一节　太宗皇帝亲自定调

在太子承乾谋反之前，李世民就一直想干预国史的编写，但是他的这种意图，一直受到史官的本能抵制，因为皇帝亲自参与国史的编写，是不符合传统的事。如果一部国史，是在皇帝的亲自监督、指导下完成的，那史官还有什么脸说自己秉笔直书呢？

当然了，史官对李世民说得非常委婉，大意是：您的心胸宽广如江海，您就算插手国史编写，也肯定不会把带血的刀悬在史官头上。问题是，您开了这种先河，以后皇帝都干涉国史的编写，您觉得，会是什么结果？到时，史官秉笔直书吧，难免会引来杀身之祸；完全顺着皇帝的意思写，您说这种史书，还有可信度吗？既然这种史书毫无可信度，人们想了解历史，会通过什么渠道呢？肯定是各种来路不明的野史啊！这样一来，我们本来想控制舆论，结果呢，只会造成更多的舆论混乱。

简言之，在皇权时代，史馆、史官的重要职责，就是统一人们的思想认识，所以皇帝不能也不敢随便破坏史馆、史官的神圣性。很简单的道理，史馆、史官的严肃客观声誉如果受到普遍的怀疑，人们想了解历史，难免会寻求各种民间野史。

不过话又说回来，尽管史官有这样崇高的地位，他们在记述时事时，也必须想好再写，否则，后果是很严重的。当年司马迁在李陵的问题上，发表了与汉武帝不同的意见，结果被汉武帝推入了蚕室。有鉴于此，李世民虽然从来没有告诉史官，应该怎么记述玄武门之变，但他们想来也绝不敢“直书”一句某年某月，太宗皇帝杀兄逼父。因为谁敢这样写，肯定是脑袋不够砍的！

相应地，李世民想查看《起居注》，就被史官委婉地拒绝了。史官的理由很简单：您难道连这点信心都没有？您放心好了，就算您不说，我们也知道该怎么写！如果后世传出，我们写的史书，都是在您的过问下完成的消息，对您是十分不利的啊。

李世民作为一个想名垂青史的皇帝，在这种大是大非的问题上，也实在不敢玩什么霸王硬上弓。

但是贞观十七年（643）发生的一切，让李世民感觉，自己得高度重视修史工作了。

十七年前，人们看见弟弟杀哥哥，儿子逼父亲；十七年后，人们又看到兄弟相争，父子相残。后世人会怎么看呢？

这取决于，现在的史官，怎么记述这一切。虽然说，即使自己不插手，史官也会掌握分寸，但是，在许多时候，史官的遮遮掩掩，本身也容易启人疑窦啊！

贞观十七年四月一日，太子承乾谋反案东窗事发。同年七月十六日，宰相房玄龄领衔的国史小组，就完成了《高祖实录》《今上实录》。在此过程中，李世民一点也没有干预过他们的工作。

但是当房玄龄把《高祖实录》《今上实录》呈上后，李世民经过简单的翻阅，就向他们表达了强烈不满，并发出了两条指令：

第一，史官必须无所顾忌，秉笔直书。

第二，重大事件，史官必须记述详实。

房玄龄一听，大家苦心写成的国史，一下子就被皇帝否定了，难免惊疑不定，又不知道错在什么地方。

李世民就说："十七年前，大唐发生过一件划时代的大事，它直接影响了帝国的前途命运！这样重大的事件，你们怎么就写了几十个字，而且还含糊其辞？不要说千年之后的人了，就是当时的亲历者，看到你们的这种记述，也会不知所云的！"

看到房玄龄诚惶诚恐的样子，李世民就继续开导他："想当年管叔、蔡叔作乱，周公把他们都杀了；叔牙作乱，季友把他毒死了。春秋时代的史官本着秉笔直书的精神，并没有为周公、季友做任何隐讳啊！一个人代表正义，为了国家、生民，杀了两个作恶多端的兄弟，在关键时候拯救了国家，挽救了百姓，这有什么需要隐讳的？这本是应该大书特书的啊！”

十七年后，李世民终于可以给玄武门之变定调了，一个很重要的原因，就是以李渊、裴寂、魏征为代表的，与这段历史有利害关系的重量级人物，都作了古。

听到李世民这样给玄武门事件定调，房玄龄等人立刻心领神会，大唐帝国的史学禁区，终于开放了，现在大家可以放开胆子，不厌其详地记述它、评论它了。但是有一个前提，大家必须发自内心地相信，它就是一则英雄传奇故事、一个好人坏人相争的童话！

这样一来，整个大唐开国历史，就被写成了我们现在所看到的样子。李世民的父亲就是一个昏庸的、毫无主见的、类似瞽叟的形象。他当初为什么会造反呢？是因为他睡了隋炀帝的女人，害怕被追究，所以不得已，只能在李世民的鼓动下造反了。李世民的哥哥建成、弟弟元吉是两个死有余辜的花花太岁。而李世民呢？不用说，怎么看也是一个金光闪闪的大英雄，整个大唐帝国，就是李世民只手托天创建的。

李世民这种赤膊上阵、亲自参与史书编写的行为，在许多人看来，简直有失体统、有辱斯文，因为这样做会让后人怀疑历史记录的真实性。但是，如果李世民不这样做，又哪能成为我们现在所熟知的李世民呢？人民大众喜欢只手托天的英雄形象，更喜欢脸谱分明的正邪大战故事。于是，这段历史逐渐演生为人们最喜闻乐见的英雄传奇之一。

第二节　修订国史 各方力量的博弈

看到李世民在修订国史时，玩这种掩耳盗铃的把戏，人们难免会对他产生许多负面印象。其实呢，任何一个时代的国史，都是这样编写而成的。东汉时期的班固在家编写国史，很快就被人告发了。皇帝听到这个消息，丝毫不敢大意，马上批示逮捕。

看到了吧，一个人自带干粮写国史，皇帝都会亲自过问，因为事关上层建筑，再小的事，也是大事。

幸好皇帝翻阅班固的史书，没有发现什么违禁的内容，反而觉得他写得非常对胃口，于是就让他业余改专职了！如果皇帝翻阅班固写的史书，发现里面全是违禁的内容，你说班固的一颗人头，还保得住吗？

总的来说，在皇权时代，所谓史官的“秉笔直书”，文化人这么一说，大家这么一听，也就可以了。

第一，国史的编写，是多方利益博弈的结果。不要说具体执笔人，很可能是某个人微言轻的小角色，就算他是一言九鼎的当朝重臣，也得权衡好各方利弊，才敢落笔。

第二，史官总是人，是人就会有立场。

最典型的例子就是，所谓齐太史秉笔直书，立场性也非常明显啊。齐庄公给崔杼戴了绿帽子，还四处宣扬，于是被崔杼杀了，但是齐太史兄弟对齐庄公的淫行闭口不提，只说某年某月，崔杼杀了齐庄公。被称为史界良心的齐太史，写历史时都是这样掐头去尾的，其他的史官，还可以想象吗？

李世民时代的史官，虽然没有一个敢说某年某月某日李世民杀兄逼父的，但是李世民看到他们对这段历史的叙述，仍然非常生气！因为这些史官说到这段历史时，竟然含糊其辞，甚至巧妙地绕了过去。

面对此情此景，李世民实在有一种说不出的失望。因为，你们这是什么态度？你们虽然不明说，但是我也知道，你们都认为我理屈。否则，你们说起这件事时，怎么会闪烁其辞呢？你们现在都是这种态度，千百年之后，人们又会怎么看待我呢？

所以李世民就告诉以房玄龄为代表的国史小组："你们必须公正客观、无所避讳地把这件事的起因、经过、结果说给天下人听。因为只有如此，天下人才会知道我为什么杀兄逼父。是的，杀兄逼父通常是不对的，但是只要你们把前因后果详详细细说清楚，我相信天下人都会理解！"

第三节　修订国史 头悬利刃的创作

在皇权时代，编写历史，是非常危险的一件事。写当代史，众多利害相关的人，肯定大量在世，你传述他们的言行，稍有不慎，就会招来官司。就算你写往代历史，一不小心，笔下的一些人和事，与当代的某人某事影影绰绰地相似，以致被扣上指桑骂槐、影射当朝的帽子，你也扛不住啊。

比如，有一个史官写前朝历史时，说某个官员是个大好人，却被昏庸的皇帝杀了头。按理说，这是稀松平常的一件事，一点毛病也没有啊！巧合的是，当代正好有一个口碑极好的官员，也被皇帝杀了头，皇帝还一直怀疑人们因此非议自己。于是史官写的这段话，就成了他诽谤当朝的铁证！

这就好像，你明知道皇帝是个光头，却没事大骂某个历史人物是老秃驴，你说你安的是什么心？

虽然这个史官哭着喊着说："我真的只是在写历史！"虽然无数的官员都为他求情说："他真的只是在写历史！"但这种事就是说不清道不明的，毕竟什么叫诽谤当朝，这本身就是一个缺乏明确定义的口袋罪，于是这个史官当时就家破人亡了。

贞观年间的国史小组，是由宰相房玄龄领衔的；其他时代的国史小组，通常也都是宰相级的官员领衔。因为没有这种级别的官员参与，根本就镇不住场子！

宰相领衔编纂国史，就意味着史书中的相关内容，是代表官方立场的。换言之，你如果看到书中的内容不服气，千万不要大喊大叫，因为这就是官方的定性，你敢大喊大叫，就是想和官家作对了。

问题是，如果国史涉嫌诽谤皇帝呢？这个就比较难说了。最典型的例子，北魏的崔浩就是宰相啊，就因为他写的国史，涉嫌种族思想，诽谤鲜卑族皇帝的老祖宗，招致皇帝痛下杀手，死前更是受尽凌辱。

人们认为，《史记》《汉书》中有贬低汉高祖刘邦的内容，可见作者秉笔直书的精神，以及汉代史官书写的客观和独立。其实呢，司马迁因为涉嫌诽谤汉武帝的舅爷李广利，直接就被处了宫刑。班固坐在家里写史，啥违禁的言论都没有，只因为没有获得皇帝授权，就被皇帝亲自批示拘捕入狱。

如果说《史记》《汉书》中真存在贬低刘邦的内容，毫无疑问，那就是大汉中央政府亲自定的调。否则，司马迁在《史记》中敢写？班固在《汉书》中敢抄？

问题是，大汉皇帝为什么要让史官贬低刘邦呢？

答案很简单，那就是刘邦的经历太励志了，所以大汉帝国必须贬低他。

其实，不管大汉帝国怎么贬低刘邦，许多想入非非的人，都是拿他当励志偶像的。

概言之，刘邦就是一个普通老百姓，但是因为他知人善任、坚韧不拔，所以就开创了大汉帝国，这本身就证明，皇权毫无神圣性，而普通人应该有梦想，因为它万一成真了呢？

所以大汉帝国的御用文人，在说到刘邦时，总会念念不忘地告诉大家，谁能当皇帝，完全取决于天意！班固更借他爹班彪之口，苦口婆心地普及这个真理：刘邦之所以能当皇帝，是因为他的妈跟龙交配过，是因为他走到哪里都有五彩祥云跟随。可就是有太多无知的人，对这种浅显的大道理视而不见！他们竟然认为，刘邦之所以能夺取天下，就是因为他的聪明才智，真是愚昧得不可救药了！

当然了，刘邦能当皇帝，自然能力出众，但这并不是最主要的原因，因为在那个风起云涌的时代，能力比他强的人多了去了。如果没有天意，你能力再强，窥伺皇位，也会身死族灭的。对此，只要看看项羽、韩信、彭越、英布的下场就可以知道了。如果还不理解，再看看王莽这个超级牛人，因为没有天意相助，就算风光一时，也难逃身死族灭的下场。就你们普通人那两把刷子，也妄图窥伺皇权，那肯定是死了都不知道怎么死的。

到了南北朝，因为天下大乱，不安定因素增多，侥幸取得正统地位的皇帝，更是苦口婆心地告诉大家：刘邦能当皇帝，绝不是因为他能力与德行出众。许多人都是从表面看问题的，误以为只要自己知人善任，有百折不回的决心，就有机会登上皇位。皇帝非常担心他们误入歧途。

如果刘邦的起点比较高，御用文人在写他时，自然敢于拔高他的人格、能力，因为不论怎么拔高，也很少有人敢与他攀比。问题是，刘邦的起点太低了，低得谁也敢拿他攀比。如果大汉帝国已经建立起了成熟的官僚制度，皇权高高在上，让人只能仰视，御用文人在写刘邦时，自然也敢拔高他的人格、能力，因为不论怎么拔高，也很少有人敢不自量力地窥伺皇权。问题是，当时的皇权还非常脆弱，如果过分拔高刘邦的人格、能力，会引得许多实力巨大、自命不凡的人都拿他当励志偶像的。

总之，历史是上层建筑，它真正的价值，并不是如实地记述客观发生过的事，而是充当教化的工具。

第七章　晋阳起兵

第一节　豪门大佬　隋炀帝的亲信重臣

李渊的爷爷李虎，位列西魏开国八大贵族之一，是与西魏执政官宇文泰地位相当的军政大佬。

李渊的父亲是唐国公李昞，母亲是独孤皇后的亲姐姐。

李渊的岳父是神武公窦毅，岳母是北周太祖宇文泰的女儿。

李渊的父亲兄弟八人，混到省军级及以上的，就有六个人。

李渊父亲李昞是北周安州总管。

李渊的四叔李璋是北周梁州刺史。

李渊的五叔李绘是隋朝夏州总管。

李渊的六叔李祎是隋朝上仪同三司。

李渊的七叔李蔚是北周朔州总管。

李渊的八叔李亮是隋朝海州刺史。

李氏家族是一个老牌贵族，而且人丁兴旺，李渊作为这个家族的掌门人，端是非同小可。李渊还有一层特别的关系，他的母亲是独孤皇后的亲姐姐。所以在隋文帝时代，他一直受到文帝夫妇的关照。

那么，隋炀帝对李渊又如何呢？传统史书说：炀帝非常猜忌李渊，一直都有杀他的想法。但是李渊突然想起窦氏夫人生前留的锦囊计，就给隋炀帝派发了几个大礼包。隋炀帝一看这几个大礼包当即高兴得连北也找不到了，于是不但忘了“灭隋者李氏也”的谶言，更让李渊手握重兵了。

类似的内容虽然都出自正史，但是有一点可以肯定，它们都是标准的民间故事。拨开笼罩在历史事实上的云雾去看，隋炀帝对李渊是非常信任的。

杨玄感叛乱时，隋炀帝让李渊坐镇西北，主管当地十三郡的军政。隋炀帝南下江都时，升任李渊为太原留守。这一人事任命更是非同小可。要知道，北魏崩盘后，尔朱荣就是以晋阳为基地，一度控制北魏帝国的；后来高欢、高洋父子又以晋阳为基地控制了东魏帝国。大隋开国后，第一个坐镇晋阳的人，就是后来的隋炀帝杨广，后来接替的人是秦王杨俊、汉王杨谅。由此可见，大隋开国后，这种地方，都是皇帝至亲至近的人才能坐镇的。而大唐帝国崩盘之后，李克用以晋阳为基地建立后唐，石敬瑭以晋阳为基地建立后晋，刘知远以晋阳为基地建立后汉。……只要我们认识了晋阳在那个时代的战略地位，自然就会知道，在天下大乱之际，隋炀帝让李渊坐镇晋阳，是出于怎样的一种信任。我们可以毫不夸张地说，李渊有机会造反成功，就是因为隋炀帝太信任他了！

李渊可以造反成功，还有一个重要的原因，就是在他造反之前，有两个举足轻重的豪门家族，被隋炀帝清洗出局了。

杨素为代表的家族，锋芒之盛，足以让所有老牌贵族黯然失色。隋文帝篡位时，杨素积极站在他一边，并且立有大功。晋王杨广夺储时，杨素再次选边成功，是杨广最有力的支持者。不管怎么看，在隋炀帝时代，如果让杨素排在人臣第二位，还真没有人敢排在第一位。正因为这样，杨素在掌权后期都心生恐惧了，因为功高震主、位高震主，他都占了。

当然了，杨素死得比较及时，隋炀帝给他举办了很高规格的葬礼，并且让他的几个儿子继续身居高位。如果杨素一系的力量存在，肯定是李渊最重要的竞争者，但是很不幸，杨素的儿子杨玄感在隋炀帝二征高丽时，就组织叛乱，于是被清理出局了。

李穆家族绝对是隋朝最强势的豪门之一，其气焰之煊赫，绝不逊色于李渊家族。在宇文泰时代，李穆就得到了传说中的丹书铁券，可以免十次死罪。隋文帝开国时代，李穆来朝，隋文帝亲自走下台阶致礼。李穆的子孙，即使是婴幼儿，也享受“省部级”的待遇；一门可以位列朝堂的，有一百多个。这样强势的家族，自然引起隋炀帝的猜忌，所以杨玄感叛乱后不久，隋炀帝便找借口把李穆一系清理出局了。

杨素、李穆两大势力被清洗，对李渊来说，实在是可遇不可求的机会。这就好像，当年周宣帝上位后，把宇文宪、宇文孝伯等人清理出局，等于移除了杨坚最重要的竞争对手。

李穆家族被消灭本来是一个偶然事件，但是后来人们为了证明李渊成为开国皇帝是天意使然，就附会了一个故事。

据说，当时有一个神秘的预言，“杨氏将灭，李氏将兴”，隋炀帝听到后非常恐慌，所以就先杀了大将军李金才，又灭了李穆一门，并且猜忌李渊。结果呢，天意是不可违的，于是真正的王者没有被杀，大隋帝国终究被李氏取代了。

类似扯淡的事，史书上有很多，其中最雷同的一个，就是武则天的故事。据说，唐太宗活着的时候，就知道有武姓女子将要篡夺大唐天下，并且会屠戮李氏皇族成员。他听到这个预言非常恐慌，后来听说李君羡乳名叫五（武）娘，当时就想到，神秘预言中的“武姓女子”，莫非应在他身上吧，于是就找借口把他杀了。但是很不幸，真正的王者是不会死的，所以女主武氏还是不可阻挡地崛起了。

这些故事虽然都出自所谓的正史，但我们可以肯定地说，它们都是用来扯淡的。

第二节　李渊起兵时的天下形势

李渊起兵的时候，天下就有所谓十八路反王、四十六路烟尘，这些叛乱势力或占领一个郡，或割据好几个郡的地盘。

是时，刘武周起马邑，林士弘起豫章，刘元进起晋安，皆称皇帝；朱粲起南阳，号楚帝；李子通起海陵，号楚王；邵江海据岐州，号新平王；薛举起金城，号西秦霸王；郭子和起榆林，号永乐王；窦建德起河间，号长乐王；王须拔起恒、定，号漫天王；汪华起新安，杜伏威起淮南，皆号吴王；李密起巩，号魏公；王德仁起邺，号太公；左才相起齐郡，号博山公；罗艺据幽州，左难当据泾，冯盎据高、罗，皆号总管；梁师都据朔方，号大丞相；孟海公据曹州，号录事；周文举据淮阳，号柳叶军；高开道据北平，张长逊据五原，周洮据上洛，杨士林据山南，徐圆朗据兖州，杨仲达据豫州，张善相据伊、汝，王要汉据汴州，时德睿据尉氏，李义满据平陵，綦公顺据青、莱，淳于难据文登，徐师顺据任城，蒋弘度据东海，王薄据齐郡，蒋善合据郓州，田留安据章丘，张青特据济北，臧君相据海州，殷恭邃据舒州，周法明据永安，苗海潮据永嘉，梅知岩据宣城，邓文进据广州，俚酋杨世略据循、潮，冉安昌据巴东，宁长真据郁林，其别号诸盗往往屯聚山泽。（《新唐书·高祖本纪》）

当时还挂着大隋旗帜的地方，已没有多少了，愿意为大隋帝国拼死效力的地方就更屈指可数了。大隋帝国，就如一个即将破产的公司，从前的股东、经理人、打工仔，都已无心为这个公司效力了，相反，他们都想着如何在公司破产前，捞足最后的利益。

最初，大隋帝国只是底层叛乱愈演愈烈，后来，越来越多的军政长官也卷入了叛乱，甚至开始带头造反了。毫不夸张地说，李渊造反的时候，已到了不得不反的地步。因为他再不易帜，就有可能被造反的大潮吞没。

在传统史书中，晋阳起兵从组织到策划，都是二十岁的李世民一手完成的，李渊始终是被动参与，甚至是被胁迫的。其实呢，类似的内容大家听一听就可以了，因为它经不起任何推敲。在当时的背景下，以李渊为代表的李氏家族愿意起兵造反，并不需要多了不起的勇气；相反，他们如果愿意继续效忠大隋帝国，才需要惊人的勇气。

在时代大潮的冲击下，曾经属于大隋帝国的人，通常只有两个选项：一个是赶紧投身造反大潮，另一个是等着被大潮吞没。在这种情况下，一心忠于隋炀帝的人，都有一种说不出的悲壮感。因为他们如果追随叛乱的潮流，就可以守住荣华富贵，而一心忠于隋炀帝就会家破人亡，但是他们依然一心忠于隋炀帝，这是一种什么精神？

李渊晋阳起兵时，《资治通鉴·隋纪八》是这样记载的：

裴寂等上渊号为大将军，癸巳，建大将军府。以寂为长史，刘文静为司马，唐俭及前长安尉温大雅为记室，大雅仍与弟大有共掌机密，武士彟为铠曹，刘政会及武城崔善为、太原张道源为户曹，晋阳长上邽人姜谟为司功参军，太谷长殷开山为府掾，长孙顺德、刘弘基、窦琮及鹰扬郎将高平王长谐、天水姜宝谊、阳屯为左右统军。自余文武，随才授任。

我最初读史时，最烦的就是这种内容，因为它们看起来毫无意义，就是唠唠叨叨地罗列人名、官名。我一直非常奇怪，古代书写印刷工具落后，而且史官写书，又号称简洁，怎么动不动就堆砌这样没有意义的内容呢？

后来，我渐渐明白，这种内容才是最有价值的，所以史官才会不厌其详地罗列它；如果史书连这些内容都懒得记，那它就真的成了英雄传奇。

在把历史当英雄传奇或段子看的人眼里，上述这些人，恐怕都是“打酱油”的，事实上，一个人能出现在这份名单上，无论如何也堪称时代的风云人物。这就好像，马云、马化腾组织一个顶级的商务会谈，能在最前排就坐的人，随便拉一个出来，也是身家几十亿、几百亿、上千亿的大佬，业界巨无霸啊。可是这些人中的绝大多数，不要说几百年之后了，就算在他们最风光之际，对于我们局外人而言，也和张三、李四没啥区别，因为看着他们的照片，我们通常分不清谁是谁，报上他们的大名，我们也闻所未闻。

李渊开国起兵时，身后的那些大佬，大约也是如此。他们中随便拉出一个人来，都是风云人物，虽说写在历史书上，不过是面目模糊的张三、李四，但是在当时，谁敢说他们是“打酱油”的？

在众多有身份、有地位的人物共同组织策划的一场叛乱中，二十岁的李世民充其量只是参与人之一，有他不多，没他不少。如果说没了他，历史走向会有怎样的不同，也未免把其他大股东都不当回事了。

要知道，当时遍地都是叛乱，原先“体制内”的实力派：罗艺据幽州叛；刘武周据马邑叛；梁师都据朔方叛；薛举据兰州叛。此后不久：李轨据河西叛；宇文化及更是在江都弄死了炀帝叛。……如果说李渊的叛乱，是一个胆识过人的儿子一手策划的，其他人呢？

李世民在此过程中，一直可以前排就坐，主要原因恐怕只是他是李氏家族的核心成员——李渊的亲儿子。

很显然，李靖、李世勣绝对是当时最顶尖的军事人才，但因为他们不是李渊家族的核心成员，所以都没有机会前排就坐。按史书的说法，李元吉是标准的花花恶少，李孝恭是标准的“打酱油”的人，但因为他们是李渊家族的核心成员，所以也可以前排就坐。

事实上，晋阳起兵的主角就是李渊，灵魂人物也是李渊，所以李唐开国时代，帝国的权力布局完全是以李渊为中心进行的，李世民的亲信们占不到一个席位。如果晋阳起兵的主角是李世民，何以如此呢？

总的来说，大隋帝国的灭亡趋势，在当时已无可逆转了，有人振臂一呼，马上可以拉起几万、十几万人的队伍。叛乱旗号之多，伸出两只手，加上两只脚，也肯定数不过来。所谓李渊一直不愿意造反，最后在人们连哄带骗下才下决心，也未必就是他人的贬低，相反地，是出于美化的需要。

李氏一门在大隋帝国非富即贵，而李渊又是大隋皇帝的贵戚重臣，尤其是在兵荒马乱的年代，大隋皇帝还把晋阳这种战略要地托付给他，这是何等的信任、重用啊！在这种情况下，李渊如果天天想着造反，还恬不知耻地告诉大家，我胸怀大志！别人会怎么看呢？

因此，人们在最初说李渊不想造反时，强调的是他恪守臣节，绝不是胆小怕事。但是在李世民组织重修的开国历史中，李渊就变成了一副胆小怕事的形象，是在李世民的各种运作下，才扭扭捏捏地打出反叛旗帜的。

第三节　李世民晋阳起兵时的地位

大隋帝国统一天下时，伐陈的大军统帅是晋王杨广，那一年他才二十一岁。虽然说，杨广是最高统帅，但是这场战争的主要负责人显然不会是他，因为以杨广的年龄阅历，不具备全权负责这种军国大事的能力。

比如现实社会中，一个二十一岁的超级富豪之子，率领众多资深的技术、管理人才，带着一笔天文数字的资金，完成了一个大项目。如果有人说，没有这个天才的年轻人，这个大项目就无法完成，谁也会觉得，这马屁拍得实在有点太过了。

因为史书对这个事实说得比较清楚，所以后世人都知道，隋朝统一江南的最高统帅名义上是晋王杨广，而实际负责人，却是他手下那些资深将领，如杨素、韩擒虎、贺若弼等等。但是我们如果把这一逻辑移到另一个人的头上，读者的意见就没那么容易统一了。

李渊造反时，秦王李世民任大军统帅，那一年他二十岁。虽然说李世民是名义上的统帅，但是这场战争的主要负责人显然不会是李世民，因为以李世民的年龄阅历，并不具备全权负责这种事务的能力。这样说，有问题吗？

然而任何一个读过历史书的人，都知道大唐开国战争，就是李世民指挥的，而且没有他李世民，就不会有最终的胜利。面对这种人所共知的历史事实，竟然有人说，李唐的开国战争，不是李世民全权指挥的，给出的理由竟然仅仅是李世民当时太年轻，这能服众吗？

其实呢，如果没有御用文人的文学加工，皇帝让重量级人物辅佐自己年少的儿子、孙子时，通常都会说几句客气话的，类似于，我儿子、孙子还年幼，希望你们多多提携。隋文帝命元岩辅佐自己儿子时说：“您是可以当宰相的大人物，但是为了培养我儿子，请您纡尊降贵，给我儿子当助手。这就好像当年汉高祖刘邦让曹参给齐王刘肥当国相一样，只要您尽了心，我们杨家不会亏待您。”隋炀帝命樊子盖辅佐自己孙子时也说：“我让我这两个孙子坐镇洛阳，只是为了加强皇家的领导权，具体事务的处理，就拜托您了。”因为史书明明白白地这样告诉我们，所以认识相关历史时，我们很容易感觉，大隋帝国亲王的助手，比那些亲王更像主角。

而李渊让众多重量级的人物辅佐自己二十岁的儿子李世民时，从经过御用文人粉饰的历史记载看，他似乎是这样说话的：“我这个儿子可是不世之才，所以你们一定要好好听我儿子的话！”这些史书还言之凿凿，重要辅佐人物之一刘文静，因为二十一岁的李世民一时抱恙，来不及发号施令，就擅自行动，于是被敌人打得大败。当然了，他们后来认识到错误，从此事事听李世民的教导，就开始天天打胜仗了。因为诸如此类的原因，看相关历史时，我们很容易发现，没有二十岁的李世民，就没有后来的大唐帝国。

史书在处理晋王杨广、秦王李世民的历史地位时，采用了两种极端的方式。

史书在写晋王杨广时，对杨广的父亲、助手、下属，都打开聚光灯，给足了正面。而杨广呢？不但一个正面也不给，更是进行了各种模糊化，于是我们难免会感觉，晋王杨广就是一个成事不足、败事有余的坐享其成者。

史书在写秦王李世民时，所有的聚光灯都打在李世民身上，并给足了他特写。而李世民的父亲、兄弟、助手呢，都被写成了“打酱油”的人。甚至，还会有意无意地透露，如果没有他们拖后腿，李世民的成就会更大，而且会少走许多弯路。

其实呢，晋王杨广的成就，自然是在众多资深大佬的协助下完成的；秦王李世民的成就，也是在众多资深大佬的协助下完成的。对于那段历史的整体走向而言，可以毫不夸张地说，有他们不多，没他们不少。

这就好像一部经典的电影问世了，我们知道的内情越少，就越会感觉主演太牛了，更会感觉如果没有这个主演，就不会有这么经典的电影作品。但是我们知道的内情一多，自然就会发现，主演的作用大，但是投资方、制片人、编剧、导演、众多优秀的配角、灯光、美术、音乐、摄影、特效、剪辑、动作指导的作用也不小。如果没有这些人存在，那个主演真能创作出一部经典的作品吗？反过来说，有这样强大的团队，谁当主演，这部影片也会成为经典的。

经典的唯物史观著作曾分析过，如果拿破仑在雾月政变前死了，会是什么结果？答案自然是，历史还会沿着同样的轨迹发展。

督政府未能恢复摆脱了上层等级的统治的资产阶级现在最为渴望的秩序。为了恢复秩序，需要一支“宝剑”，像西耶斯说过的那样。起初人们以为，起有益的宝剑作用的是儒贝尔将军，而当他在诺维阵亡以后，人们开始谈到莫罗，谈到麦克唐纳，谈到贝纳多特。开始谈论波拿巴已经是后来的事；而如果他像儒贝尔一样阵亡了，那么人们就根本不会想到他，而会把另外一支什么“剑”推上前台。不言而喻，一个被事变推上独裁者职位的人，从自己方面说理应孜孜不倦地为权力而苦心经营，坚决排除和无情镇压阻挡他的去路的一切东西。波拿巴具有钢铁般的毅力。他不惜一切来达到自己的目的。不过除他以外当时也还有不少坚强能干、贪图功名的利己主义者。他成功地占据的

那个位置大概不会空着。（普列汉诺夫《论个人在历史上的作用问题》）

以李渊集团强大的阵容，以及众多得天独厚的优势，虽然不能说换任何人都能取得和李世民一模一样的成就，但是如果说没有李世民就没有了大唐帝业，也未免把李世民想得太神奇了。

第八章　夺取关中

第一节　高举义旗　并州诸城望风降

隋末晋阳城最有权力的几个人是晋阳留守李渊、晋阳令刘文静、晋阳监裴寂、虎贲郎将王威、虎牙郎将高君雅。在这几个人里面，李渊肯定是排在第一位的。第一，他与皇帝关系最为亲近，李渊的母亲和隋炀帝的母亲是亲姐妹。第二，李渊是老牌贵族，而且还世袭唐国公，家族势力根深蒂固。

当然了，在帝国稳定之时，李渊与上述几个人只是同僚关系，因为不论隋炀帝多信任李渊，也不论李渊地位有多尊荣，上述几个人也不可能是李渊的跟班。但是在帝国风雨飘摇之时，大家想联合起来好好干一票，就难免会共尊李渊为领袖的。

经过简单的串联，晋阳留守李渊、晋阳监裴寂、晋阳令刘文静三人决定造反，并且串联了大批愿意造反的军政长官、地方豪强。五月十五日，对隋炀帝还抱有幻想的王威、高君雅，被他们清理出局了。至此，晋阳城成了叛乱者的天下。

想一想王威、高君雅也够悲催的，如果他们愿意追随时代大潮，跟着大家一块造反作乱，以他们当时的资本，估计也能在二十四史中留下一篇传记，然而，他们执迷不悟，一心忠于大隋皇帝，人生当时就划上了句号。

六月五日，李渊让李建成、李世民兄弟二人率军攻打不愿意响应自己的西河郡。因为当时的潮流就是叛乱，所以处于李渊势力范围内的西河郡，愿意为隋炀帝卖命的人，是非常有限，看到李家大军杀过来，根本组织不起任何像样的抵抗，马上就沦陷了。《大唐起居注》记载：

城内既见义军宽容至此，咸思奔赴，唯有郡丞高德儒执迷不反。己丑，以兵临之，飞梯才进，众皆争上。郡司法书佐朱知瑾等从城上引兵而入，执德儒以送军门。……自外不戮一人，秋毫不犯。往还九日，西河遂定。

七月五日，李渊率军离开晋阳。七月十四日，李渊率军到达霍邑五十里外的贾胡堡，因为一直下雨，后勤补给出了问题，所以就在贾胡堡按兵不动。七月二十八日，后方的粮草送到。八月一日，天气终于放晴，李渊让军队晾晒各种装备。在这近一个月的时间里，没有发生任何战事。八月三日，李渊大军杀到霍邑城下，当天晚上就进了城。八月八日，李渊率军到达临汾郡，没有经过什么战斗，当天就夺取了郡城。八月十二日，李渊率军到达绛郡附近，通过简单的战斗，当天就夺取绛郡。八月十五日，李渊就到达了龙门。一路上可以用势如破竹来形容。至此，整个山西，就只有河东郡还控制在大隋帝国手中。现在放眼望去，黄河就在眼前了，只要渡过黄河，就抵达了关中的大门——潼关！

撇开各种文学因素，只看最基本的历史事实，我们大约可以知道，从李渊五月十五日击斩高君雅、王威，至李家大军八月十五日到达龙门，其间没有发生任何一场值得一提的大战。

更夸张的是，在李渊率军事主力南下的同时，一个叫张纶的不知名统帅，率领一路偏师，沿离石、龙泉、文成（在李渊主力大军西侧）南下，并且一路把这三个郡全都拿下了。——我之所以说张纶是不知名的统帅，是因为翻遍《新唐书》《旧唐书》《资治通鉴》，张纶只在这个历史时刻，风光无限地存在过，此后，就是一个“打酱油”的角色了。就是这样一个统帅，率领一支偏师，也能一路向南夺取三个郡，并且胜利与李渊在龙门一线会师，你说李家军在这个阶段的战争有多简单？我们由此可以知道，在当时的背景下，站在李渊的平台上，并不是只有天纵英才的李世民可以长驱直下，不知名如张纶，同样可以长驱直下。

隋炀帝初期，汉王杨谅的叛乱刚刚开始，隋炀帝就派手下第一重臣杨素亲率大军平叛，所以杨谅仅仅坚持了一个月，就被打得灰飞烟灭了。隋炀帝后期，杨玄感的叛乱刚开始不久，隋朝几十万征辽大军就杀了回来，所以杨玄感仅仅坚持了两个月，也被打得灰飞烟灭了。

而李渊呢？五月十五日正式叛乱，八月十五日到达龙门，三个多月的时间里，没有任何一支朝廷派遣的军队过来围剿他们。在这种背景下，李渊自然有足够的时间整合自己辖区，稳扎稳打地兼并周边郡县。

因为习惯于以成败论英雄，所以史书说到杨谅、杨玄感的失败时，总喜欢说他们犯了这样那样的错误；而说到李渊的胜利时，总喜欢说他们的路线方针这里执行得正确，那里执行得到位。其实呢，一切都是因为彼此的条件不同。如果杨谅、杨玄感叛乱后，有两个月时间从容布局，未必没有机会成功。反过来说，如果李渊造反后，大隋帝国的军事主力也能这样迅速动员起来，李渊能不能找到一线生机就很难说了。

第二节　隋军主力到哪里去了

李渊五月十五日正式叛乱，七月五日率军离开晋阳，八月十五日才到达龙门一线，单从军事角度看，他的效率实在太低了。也多亏大隋帝国的军事主力，都被抽调到了其他战场，否则，李渊恐怕还没有走出自己的老巢，就被团团包围了。

因为传统史书是大唐帝国记述的，所以我们难免会感觉李渊父子高瞻远瞩，李密之流目光短浅，隋炀帝当时就是在醉生梦死。其实呢，透过现象看本质：李密屯兵于洛阳城下，是形势所迫；李渊轻取长安，是捡了一个现成的便宜；而当时的隋炀帝呢，一直都在积极行动，只是无力回天罢了。

大隋帝国的军事主力，都在干什么呢？显然大都集结在洛阳一线！

最初，洛阳城内有二十万隋军，而围攻洛阳的李密号称百万，所以洛阳被李密打得一再告急。坐镇江都的隋炀帝不得不调拨庞玉、霍世举从关中率军支援洛阳城。

庞玉、霍世举从关中带出多少军队？我们很难确切知道，但有一点可以肯定，关中军队进入中原战场后，隋军马上就大举反攻了，并且取得了重大胜利。李密亲率的军事主力被打得落花流水，据说损失大半。这样看来，庞玉、霍世举从关中带出的隋军，肯定是一个非常大的数目，而且都是精锐。

庞玉大败李密，是大业十三年（617）五月二十八日的事。而李渊正式造反，是什么时候呢？大业十三年五月十五日。看这个简单的时间线，我们就可以知道，李密的存在，对李渊的价值有多大了。

本来呢，李密的存在，就会让大隋帝国无法抽调足够的兵力围剿李渊；而在李渊造反前后，隋炀帝竟然还要从关中抽调大批人马围剿李密，这就进一步分担了李渊所承受的压力。

更重要的是，李密绝不是吃素的人，所以大败之后，他稍作休整，又大举反击，并且再次夺回中原战场的主动权。而看到中原战场再度陷入危机，隋炀帝又马上从江淮、四川、河北抽调大批人马，让王世充领衔赶赴中原。

隋朝从江淮、四川、河北抽调了多少军队支援洛阳？我们很难确切知道。但有一点可以肯定，王世充就此成为洛阳城的主角，风光了好几年。这样看来，以王世充率领下的驰援军队，数目肯定非常庞大，而且不乏精锐，否则不可能出现这种结果。

王世充率领大批援军到洛阳，是大业十三年七月的事。李渊正式率军从晋阳出发，是什么时候呢？也是大业十三年七月。从这个简单的时间线，我们也可以清晰地看出，李密的存在，对李渊的价值有多大了。

一言以蔽之，李密也好，隋炀帝也好，他们解套的机会都在中原战场上。李密只要能在中原战场上大败隋军主力，夺取洛阳，以他当时的声势，席卷关东就是毫无悬念的，在此基础上，西进也好，南下也罢，都是怎么玩怎么顺手。但李密就是无法夺取洛阳城。当然了，如果隋军主力在洛阳城下，一战把李密击溃了，在此基础上，平定中原、河北叛乱，就易如反掌，再解决李渊好像也不是多难的事。但隋炀帝就是无法打败李密。这真是传说中的，鹬蚌相争，渔人得利。

李密、炀帝在中原打得天昏地暗，谁也无法干掉谁。晋阳的李渊抓住这个机会，从容地整合自己辖区，兼并周边郡县，有条不紊地向关中推进，夺取长安。此时的大隋帝国根本抽调不出人马围剿李渊了。

在传统史书中，李渊造反后，生怕李密阻挠自己夺取关中，就对李密极尽阿谀，并送了一个大礼包，于是李密一时骄傲，就不再阻挠李渊了。其实呢，李密此时的真正困境在于，隋军就围绕洛阳城，和他不计代价地死磕。在这种局面下，他只能接受李渊的示好，这与战略眼光无关。换言之，就算李密知道，李渊会成为自己最危险的敌人，他也不可能和李渊为敌啊。因为李密如果在没有攻克洛阳时，就大举奔袭长安城，结局无非是陷入腹背受敌的困境中。

当然了，也不是隋炀帝不知道关中的重要，而是他无计可施。因为他如果不抽调军队大举救援，洛阳城随时都会沦陷的。洛阳如果沦陷了，暂时保住长安也无济于事。

对李渊而言，他敢于起兵造反，敢于奔袭长安，就是因为他知道隋炀帝也好，李密也好，现在都深陷中原战场，谁也无法解套。

其实，李渊的机遇之好，还不止于此。

李渊在大业十三年五月正式叛乱，而同年四月，陇右的薛举就起兵叛乱了。李渊在同年九月开始大举进攻关中，而陇右的薛举在同年七月就称帝，并且也开始从西面大举进攻关中。薛举有多牛？我们只要知道一件事就可以了，李世民一生唯一的惨败，就是被薛举打的。大隋帝国想阻止薛举进入关中，需要投入多大的财力、物力、人力，可以想象。在这种背景下，面对李渊的进攻，大隋自然更力不从心了。

第三节　霍邑城下　也曾想过放弃

在大唐开国历史上，霍邑之战非常著名。

这场战争之所以著名，并不是因为霍邑城有多难攻克，而是因为李渊率军到达这里时，突然传来一个惊人的消息：突厥人伙同刘武周，要南下夺取晋阳了！

李渊决定起兵时，最大的顾虑就是突厥人有可能从背后捅他一刀，那样，他是注定没有机会成功的。不要说是在当时了，就是大唐帝国统一天下后，很长一段时间内，面对咄咄逼人的突厥，也只能韬光养晦，绝不敢奢言开战。

幸运的是，李渊率军离开晋阳前，突厥人就明确表示，只要李渊需要，他们随时可以提供军事援助，李渊申请多少军队，他们就派遣多少。这是一种极尽友好的表示！如果公元1644年，满人对吴三桂也这么友好，吴三桂没准儿也可以成为高祖皇帝、太祖皇帝的。

但是，李渊肯定不能高枕无忧。一方面，突厥人派的军队越多，自己征伐天下的底气越足；另一方面，突厥派来的军队太多了，就是传说中的引狼入室啊。如果突厥可汗说："我愿意率十万大军和你并肩作战！"李渊就啥也别干了。因为十万突厥大军进入并州，李渊恐怕也只能受制于人了。

总之，因为突厥人表现得这样友好，所以七月五日，李渊就率军从晋阳出发了。但是，七月十四日到达霍邑五十里外的贾胡堡时，李渊却忽然心里没了底。因为，六月二十六日，刘文静就随突厥使者去见可汗了，可说好的提供给李渊的外援，直到现在也没有影子。

李渊并不稀罕突厥人的军事援助，但是没有突厥的支持态度，他心里是一点谱也没有的。对他来说，突厥援军的战略价值大到无法估量：

第一，这是两个政治集团之间的合作。突厥即使只派几百人前来，带队的军政长官，通常也是非同小可的人物，而陪同这个军政长官的助手，也都是多少有点身份的人，加上这几百人马，意味着给李渊送来了大批人质。

第二，这会让李渊的追随者、敌人，都清楚地知道，李渊与突厥实现了稳定的合作。至少突厥人在关键时候背后捅李渊一刀的概率，小得可以忽略不计了。

如果突厥人的援军迟迟不来，人们对这个危险异族的态度，就吃不准了。甚至，难免会猜想，突厥人此前对李渊不断示好，就是想骗他离开晋阳，然后趁虚而入！

这时候，李渊难免会收到各种似是而非的情报，让他坐立难安。比如有人会说，现在有一个非常不好的消息要告诉你，那就是突厥人已做好了大举进攻你老巢的准备，行动代号是 ××，整个行动的计划是如此这般的。

这样有鼻子有眼的消息接踵而来，你可以解读为，隋军在发 动情报战，但它万一是真的呢？虽然说，基于突厥人的利益，他们不应该没事背后捅李渊，但是，如果突厥人一个想不开，非要这样玩，谁也拦不住啊。

这就好像，斯大林认为希特勒不会攻打苏联，但是希特勒就是想不开要这样做，虽说希特勒最后为此付出了沉重的代价，但是他这样一玩，斯大林当时就被打得连北也找不到了。

这是李渊举兵后，最纠结的一段时间，也是李渊创业史上最重要的一个坎。

这就好像电影《教父》中，主人公在青年时代面临一个关键的选择，如果他当时认怂了，就绝不会成为后来的教父了！用教父的话说，那就是“一个人只能有一种命运”。在人生的关键节点上，你的选择不同，命运就会截然不同。

李渊等人当时也是如此。如果他们当时抛开恐惧，大举向前，那就会开启一系列波澜壮阔的人生；如果被恐惧吓垮，就只能退回去，开始谨小慎微地规划未来。

所以，围绕这些真假难辨的消息，李渊军事集团内部，很快出现了战略分歧。有一些人认为，应该赶紧率军返回晋阳；另一些人则认为，应该按原计划继续南下。哪一种选择正确呢？

因为后来的事实表明，所谓突厥人要背后捅李渊一刀，纯属子虚乌有，所以谁也知道，后一种选择正确。

大家猜一猜，李渊、李建成、李世民当时都是倾向于哪种选择呢？

历史书上大约有三个版本：

第一个版本，李渊、李建成、李世民都倾向于按计划继续南下。《大唐创业起居注》，就是这样记述的。

第二个版本，李渊倾向于退回晋阳，在李建成、李世民兄弟的苦劝下才改变了主意。《资治通鉴》采用的就是此说。

第三个版本，李渊、李建成都倾向于退回晋阳，只有李世民坚持继续南下，在他的一再努力下，李渊一伙才踏上成功的大道。《太宗实录》就是这样记述的。

哪个版本更真实呢？

从情理上说，第一个版本更真实；后面两个版本，都是为了抹杀李渊开国地位而存在的，尤其第三个版本，显然是为证明李世民杀兄逼父天经地义编造出来的。司马光在《资治通鉴考异》中对此评论道："《太宗实录》尽以为太宗之策，无建成名，盖没之耳。"

抛开罗生门式的细节差异，当时的情况只能这么描述：李渊一伙人行军至霍邑城附近，突然听到突厥人要伙同刘武周夺取晋阳老巢的消息，当时就是一片混乱。但是经过开会讨论，大家渐渐达成共识，继续按原计划南下！在此过程中，我们很难说，哪个高人起了力挽狂澜的作用。所谓大家都坚持错误意见，只有某个高人支持正确意见，最后说服大家，通常是戏剧故事。

我们知道，在人生的十字路口上，总有很多人倾向于冒险，执行激进的计划；也有很多人倾向于保守，执行稳妥的计划。这种选择的差别，通常与当事人的地位、见识、能力无关。因为见识很低、地位很低的人，也常常敢于选择冒险的、激进的方案；而见识很高、地位很高的人，也会习惯性地执行保守、稳妥的计划。

许多时候，谋事在人，成事在天，我们只能将大概率的事纳入考虑范围，偶然的、意外的事，我们如果都要一一算计，那就啥事也不要干了！

许多时候，我们只能认为与自己合作、竞争的人，都是理性、正常的人，不会做出太离谱的事。如果我们总担心与自己合作、竞争的人，是一些分不清头大眼小，随时会干出一些丝毫不靠谱的事的人，我们就什么也不要干了。因为这样一来，不确定的因素就太多了，我们什么长远的、大的规划也做不起来。

第四节　突厥相助　到底为哪般

李渊夺取关中时，突厥人一直没有干扰过他，相反还给他提供了各种形式的援助。用鸿门宴的思维看，这是不可思议的，突厥人当时就应该把他灭掉才对。那么，突厥人为什么要对李渊如此之好呢?

最重要的原因，无非是突厥人当时的文明程度太低了，所以在隋末天下大乱时，他们尽管占尽了天时地利，却始终无法真正控制一块传统的农耕文明地盘。

突厥人在隋末天下大乱之际，占据的优势有多大？我们只要知道一件事就可以了，李渊在起兵初期，一直对突厥称臣，而且定期不定期地交保护费。其他实力派，与李渊相比也只是五十步与百步之别，窦建德、薛举、刘武周、梁师都、李轨、王世充都曾公开对突厥称臣。

不可否认，如果突厥人一心阻挠李渊夺取关中，李渊是注定无法成功的。李渊和突厥人，根本就不是一个重量级的选手。不要说此时了，就是夺取关中、巴蜀、陇右、河西后的李渊，听到突厥人大举南下，也是惊得不知如何是好。甚至大唐帝国统一天下后，面对突厥人的嚣张气焰，他也只能想想如何韬光养晦，而根本不敢轻言开战。

但是，突厥人缺乏管理传统农耕文明地区的能力，在这一前提下，他阻挠了李渊夺取关中，对自己有什么好处呢？这样做最多会改写李渊一伙人的命运，对于中原社会的影响，或是对突厥社会的影响，都是微乎其微的。

现在，天下群雄争战无休，哪股力量日后会变成威胁突厥人的力量呢？这就好像在硬币落地前，根本没有人能知道答案。遥想当年，刘玄认为刘缜日后会成为威胁自己的力量，就把他杀了，问题是，刘缜一死，只是为光武帝刘秀成佛成祖扫清了道路。桓玄认为以刘牢之为代表的北府军宿将会成为威胁自己的力量，于是大刀一挥，把北府兵宿将砍倒一大片，结果呢，无非是给北府兵新秀刘裕成佛成祖扫清了道路。现在，突厥人不计利害地把李渊一系清理出局，就一定能阻止中原王朝的统一？恐怕只是为另一个大哥成佛成祖扫清道路吧。

这样看来，突厥人实在缺乏阻挠李渊夺取关中的动机。因为阻挠李渊夺取关中，对他们而言并没有实质性的利益；而帮助李渊夺取关中，实质性的利益太大了。

李渊给突厥人的承诺是，夺取长安后，我只要土地、人口，至于金钱美女，你们想要就全给你们。当然了，这种约定在古代汉人割据和游牧民族之间是数见不鲜的，而且交换意向通常能够达成。

虽说李唐崛起后，突厥人就开始走向衰败，但是支持李渊夺取关中，显然是突厥人当时能做的最正确的选择。事实上，李渊敢于放手夺取关中，就是因为他设身处地地想，突厥人没有道理不与自己合作。

第五节　驻军龙门　关中豪杰争相附

八月十五日，李渊终于到了龙门。从这一天开始，各种利好的消息，一个接一个传过来。

首先，八月十五日那天，刘文静就带着五百突厥骑兵和两千匹战马回来复命了。这意味着，李唐与突厥的合作关系基本稳定了，不用担心大后方随时会被捅一刀了。

仅这一个好消息出现，就足以让李渊放胆长驱关中了，而更好的消息还在后面。

李渊刚刚到达龙门，一个叫任瑰的人就闪亮出场了。任瑰和李渊有着很好的私人关系，所以李渊杀到龙门时，任瑰就过来表示，他愿意替李渊游说关中实力派前来投降。显然，当时的时代潮流就是叛乱，所以在任瑰的游说下，关中的首脑、长官纷纷向李渊投降。

八月二十四日冯翊的叛军领袖孙华亲自到李渊大营投诚。九月八日，冯翊的郡守萧造也到李渊大营投诚。九月十日，朝邑法曹靳孝谟以蒲津、中潬二城降，华阴令李孝常以永丰仓降。京兆诸县，也都纷纷派代表过黄河，表示愿意归顺。

这意味着，李渊兵不血刃地就在关中地区打开了局面，他的军队还没有正式渡过黄河，就已在关中地区要人有人，要粮有粮，要地盘有地盘了。

而比这更大的惊喜，还在后面！

在李渊夺取关中的战争中，大放异彩的人是李世民的姐姐（一说妹妹，后封平阳公主）。

在李渊入关前，李世民的姐姐就在关中地区立起了大旗，并且很快拉到近七万大军，就等着李渊率军会师了。这种成就，看起来简直比李渊父子的更加神奇。因为此时的李渊父子，依靠晋阳庞大的基本盘，折腾了三个月时间，也无非拉起十万大军；李世民的姐姐在人生地不熟的关中，轻而易举地做出相当于他们一大半的业绩。

李世民姐姐的这种成就，似乎更证明了，在李渊的创业平台上，并不需要一个惊世骇俗的儿子，即使给他女儿一个机会，她也一样可以所向披靡。

关键是，李世民的姐姐表现得这样神功无敌，也就在此时露过一次脸，然后就没有消息了，人们说起这个奇女子时，只能称之为李三娘或者柴绍之妻，至于她当时多大年纪，是李世民的姐姐还是妹妹，闺名是什么，谁也不知道。

更夸张的是，李世民的姐姐能建立这种不世之功勋，似乎就因为她有一个极具传奇色彩的奴仆。这个奴仆叫马三宝，据史书记载，关中叛乱首脑之所以都愿意站在李世民姐姐的大旗下，就是他四处游说的结果。

简单地看，马三宝实在神奇透顶，其实呢，他之所以可以游说成功，就因为他代表的是李世民的姐姐，往根本上说，代表的是李渊，失去这种狐假虎威的背景，他再舌灿莲花，也无法取得这种成功。

马三宝游说这些叛乱首脑的说词，因为资料有限，我们已无从得见了，从情理上讲，他只能是拿李渊的实力说话。用现代的话说，现在有一支黑马股上市了，它的股价，以后翻个几十倍，都是低估的；翻个几百倍，也没有什么奇怪。现在你们赶紧去买，以后躺在家里吃老本，也够吃好几辈子；如果买得晚了，估计就没有这样大的利润了；至于错过了这支股，你肯定会后悔得肠子也青了。这种利害关系，实在是不难看清的。

同样的道理，丘行恭举着李渊的旗帜，用三寸不烂之舌，也为李渊拉起几万大军。

同样的道理，李渊的女婿段纶高举李渊大旗，也为李渊拉起一万大军。

归根结底，在当时背景下，站在李渊的平台上，不是只有李世民能创造奇迹，握住这种机会，能创造奇迹的人多了。

史书为了证明没有李世民就没有大唐帝国，总有意无意地强调，当时人们都不敢渡过黄河直插关中，是李世民力排众议，才促使李渊做出了正确选择。

其实呢，给了李渊渡过黄河直插关中胆量的现实条件有两个：

第一，突厥人终于派来军队了，而且人数正好是李渊所期望的，说多不多，说少不少，既足以表明突厥人合作的诚意，又不至于让李渊担心被突厥人控制。

第二，关中实力派纷纷向李渊大旗下靠拢，或是纷纷向李世民姐姐大旗下靠拢，在这种背景下，只要李渊愿意渡过黄河，就可以在关中站住脚。

而这一切，似乎都和李世民没有多大关系。

突厥军队前来会师，是刘文静出使的结果；关中实力派纷纷向李渊大旗下靠拢，是任瑰过黄河游说的结果；关中实力派纷纷向李世民姐姐大旗下靠拢，是马三宝四处游说的结果。因为史书在吹嘘刘文静、任瑰、马三宝的功绩时还比较节制，所以我们自然都知道，刘文静、任瑰、马三宝能取得这种成就，是时势使然，绝不是因为他们一张嘴能顶十万大军。

第六节　夺取长安　李渊称帝

十月四日，李渊、李建成、李世民父子在长安城下会师，清点作战部队，竟有二十多万！面对此情此景，长安城人心惶惶。李渊还是老套路，他并不急着攻城，而是继续收割长安城的外围地区，并且对长安城展开政治攻势。长安城已是一个马上就要熟透的果实，李渊并不着急摘取它，而是等待它更加成熟，自己落地。

十天后，也就是十月十四日，长安城的主要负责人，依然拒绝投降，于是李渊下令围城。围城之后，李渊依然不急着进攻，而是继续展开心理攻势，让长安城中的军民越来越绝望。又过了十多天，李渊感觉时机成熟了，在十月二十七日，终于下令总攻。

此时长安城中已经充满了绝望。放眼望去，整个天下已是叛乱者的海洋，而大隋帝国的零星旗帜，只飘扬在几个随时会被巨浪淹没的孤岛之上。在这种背景下，李渊下令攻城后不久的十一月九日，长安城就沦陷了。

李渊没有李世民这个神功无敌的儿子，就无法取得胜利吗？答案显然是否定的，因为我们很难说，在从晋阳起兵到攻陷长安的过程中，李渊一系曾打过什么大仗、硬仗。更重要的是，在此过程中，李世民的功劳，与太子建成、平阳公主、刘文静、任瑰等人相比，也没有什么了不起啊！

夺取长安后，李渊就开始称帝了。他篡位的套路，就是最常见的权臣篡位套路。他一开始找出隋炀帝一个未成年的孙子做皇帝，自己称丞相，后来称公，再后来称王，头戴的王冠和皇冠越来越像，出行时的旌旗和皇帝一模一样了。最后阶段，就是小皇帝让人捧着玉玺给李渊送去。而李渊呢，自然得拒绝再三。然后呢，文武百官纷纷劝李渊接受皇帝的好意，李渊依然拒绝再三。在盛情难却之下，才抹着眼泪爬上了皇位。

大唐帝国正式建立了，众多豪门家族的代表人物，也都纷纷加盟了李渊。此时，最前排就坐的人是李建成、李世民、李元吉、李孝恭、裴寂、刘文静。这几个不是李氏家族的最核心成员，就是李渊晋阳起兵时最重要的合作者。排在他们之后的人是萧瑀、杨恭仁、窦威、窦抗、陈叔达。这几个人都是在李渊称帝前，就已加盟李渊一系的，在李渊时代，先后担任过大唐帝国的宰相。

因为历史的聚光灯都打在了李世民身上，这几个坐在最前排的人物，在后人的印象中，不是丑角，就是“打酱油”的；不是因人成事，就是成事不足、败事有余。

比如，李元吉、裴寂就是标准的丑角，因为他们的各种脑残言行，充斥于史书之中。李建成、萧瑀、杨恭仁、窦威、窦抗、陈叔达都是标准“打酱油”的，因为他们虽然都坐在最前排，但我们实在不知道他们何德何能。李孝恭就是标准的因人成事，虽然平定巴蜀、江南，都是在他领衔下实现的，但整个过程，他也就是一个摆设。至于刘文静给李世民当助手，更是把李世民坑惨了，以至于李世民后来再也不敢带他玩了。甚至，李渊也就是一个“打酱油”的、因人成事的、成事不足败事有余的人。

其实呢，这些人既然能在最前排就坐，就都称得上举足轻重，他们的权力、地位、影响力，至少与李世民是一个层次的，而当时的长孙无忌、房玄龄等人，都还不知道排到哪去了。

然而在李世民的万丈光芒下，只有跟着李世民混的人，才有机会拥有比较多的戏份，经常在历史演义和英雄传奇中露个正脸。

萧瑀、杨恭仁、窦威、窦抗、陈叔达，都是标准的豪门巨头。对此，我们只要看一下他们的直系亲属，就清楚了：萧瑀的父亲是梁明帝，姐姐是大隋帝国的萧皇后；杨仁恭的父亲是隋文帝时代的四贵之一观德王杨雄；窦威的父亲是大隋帝国的太傅窦炽；窦抗的父亲是大隋帝国的陈国公窦荣定，母亲是隋文帝的女儿；陈叔达的父亲是陈宣帝，哥哥是陈后主。这些人愿意站在李渊一边，并且能进入李渊的权力核心，意味着众多大股东加盟李渊集团了。

从李渊称帝时的核心成员名单，我们大约可以看出，大唐帝国就是以李氏家族为核心，晋阳起兵元勋为骨干，众多豪门大佬为基础构建而成的。大唐帝国组织的稳定性、政治基础的广泛性、合作伙伴的高端程度，与它的竞争对手相比，优势是碾压性的。

也正因此，李渊起兵到现在，所有的胜利，主要就是靠豪门望风站队实现的，几乎没有经历过一场所谓的大仗、硬仗。

第七节　英雄排座次与刘文静之死

李渊爬上皇位后，亟需解决的问题之一，就是英雄排座次。前五把交椅，是毫无争议的，该由李渊父子四人加一个李孝恭坐。

李孝恭是李渊七叔李蔚之孙。在杨坚篡位的时候，李蔚坚定地站在了杨坚身后，成为大隋帝国的新宠，使他这一支系成为李氏家族内仅次于唐国公一系的最强大者。正是因为这种背景，在大唐开国时代，李靖牛到了天上，也只能给李孝恭当助手。

但是随后的交椅，就存在争议了。李渊认为第六把交椅应该由裴寂坐。因为裴寂有着资深的豪门背景，更是李渊的密友和主要助手。但是坐在第七把交椅上的刘文静，对此显然是非常不满的，因为在他看来，裴寂没资格坐他前面。

从这层意义上看，刘文静之死并不冤枉，因为人事权力，就是皇帝最大的权力，皇帝让你坐第七把交椅，你非要坐第六把交椅，也太不识大体了！

更要命的是，刘文静和自己兄弟一块喝酒喝多了，曾拔出刀大喊，一定要杀了裴寂！这个性质就恶劣了，因为这意味着刘文静内心深处，对帝国的人事安排不满到了极点。

大唐帝国现在还没有统一天下，内部权力斗争还非常激烈，一言一行可以左右帝国局势的重量级人物，心态如此不端正，将来面对不逞之徒的怂恿、拉拢时，你觉得他会怎么做？

若干年后，宰相侯君集觉得，自己的功劳非常大，能力非常强，但是坐的交椅却有点靠后。在这种心态下，有人拉拢他造反，他二话不说就开始密谋火并李世民了。

刘文静认为自己应该排在裴寂前面，自然有他的道理。大唐开国时代的一个命门，就是和突厥人建立稳定的合作伙伴关系，而刘文静代表李渊出使突厥，成功完成了这个任务。随后，刘文静又独当一面坐镇潼关，成功阻止屈突通救援关中，并且俘虏了屈突通。——屈突通是标准的牛人，他在隋朝就是独当一面的大军统帅，投降李渊后，也在军界最前排就坐，李世民上位后，凌烟阁绘像时，把他排在第十二位。再后来，刘文静又率军夺取长安东部的广阔地区。相比之下，裴寂一直坐在中央政府，好像没有太特殊的功劳啊！

刘文静和裴寂谁的功劳大？这就好像问秦王世民与太子建成谁的功劳大一样，真有点说不清楚。是的，刘文静独当一面，战功赫赫，但是裴寂坐镇中央，协助李渊主持政务，功劳就小吗？

李世民后来贬抑裴寂，拔高刘文静，很大程度上就是希望大家相信，李渊在英雄排座次时，就是很谬误的。

许多人认为刘文静是李世民的小弟，他被杀是因为李渊在武德初年就很忌惮李世民的实力，所以有意剪除李世民的羽翼。其实呢，年长整整三十岁的刘文静怎么可能是李世民的小弟？如果刘文静只是李世民的小弟，他哪敢奢望与裴寂一争短长呢？

李渊从始到终都把裴寂当兄弟看，甚至当了皇帝，上朝时还让裴寂和自己坐在一起。这种地位，不要说李世民的小弟了，就是李世民本人见了他，也得叫一声裴爷啊！而李世民之于刘文静，就是珍大爷和焦大的那种关系，轻易不挺一下腰杆子。

裴寂后来成了反面人物，所以看着历史书，我们难免会觉得，李渊让他坐在第六把交椅上，是一种用人唯亲的行为。裴寂怎么看，也是一个成事不足、败事有余的人。霍邑城下，他劝李渊退回晋阳；河东郡中，他劝李渊不要直插关中；坐镇山西时，致使晋阳失守；后来竟然劝李渊烧了长安城，南逃以避突厥。总之，如果不是李世民力挽狂澜，就裴寂这种猪队友，早把李渊坑死了。其实呢，只要我们不是戴着有色眼镜看这段历史，就会明白，裴寂能坐在大唐帝国李姓之外的头把交椅上，自然有它的道理。

按传统史书所说，李渊用人唯亲的结果，就是帝国坐最前排的五个人中，有三个是废物（因为李建成、李元吉、裴寂在史书中未免太不堪了），还有一个是“打酱油”的（因为李孝恭在史书上，未免太没有作用了）。但是在这种可悲的局面下，竟然有一个天降英才混在了其中！

这个说起来，实在比抓六合彩都难。但是不管怎么说，李渊抓住了这个大奖，所以他的前途始终一片光明！

第八节　欲说还休　屈突通与尧君素

李渊刚刚到达龙门的时候，因为河东郡还控制在忠于隋炀帝的屈突通、尧君素手中，所以李渊集团内部，很快出现了上中下策分歧。

上策，就是绕过河东郡直插关中，一举把大隋帝国的老巢端掉，让自己获得战略上的主动权。

中策，就是兵分两路，一路继续围攻河东郡，一路渡过黄河直插关中。

下策，就是稳扎稳打，先把河东郡拿下，让自己避免腹背受敌。

哪种选择正确呢？可以说各有利弊。

但是二十多天后，这个分歧就不存在了，中策成为了大家都认可的最优选择。

兵分两路的主要弊端就是使力量分散，但是如果兵力充足，分散也不是什么需要担忧的事。这就好像，一个人起初手头比较紧，一边是鱼肉，一边是熊掌，自然不可兼得；现在手头突然钱多了，选择困难症被治好了，因为鱼与熊掌可以都买，想吃哪个，就吃哪个。实际上，李渊驻军龙门后，越来越多的人都选择了不战而降，带资进组，李渊一时财大气粗的，可以想怎么玩就怎么玩了。

看着李渊兵分两路，屈突通也马上兵分两路：一路让尧君素统帅，继续坐镇河东郡；另一路由自己率领奔赴关中。但是很不幸，屈突通走到潼关时，就被刘文静堵住了。

在随后的相持中，屈突通越来越绝望，因为长安城渐渐沦为一个孤岛，河东郡更是早已孤立无缘，他自己在潼关一线，又被刘文静打得伤亡惨重。

在这种情况下，就有人劝屈突通投降李渊："大隋帝国就是一家随时要破产的公司，您继续为隋效力，一点前途也没有！您现在投降李渊，就等于带着大量股份加盟一个新兴集团，一定可以在这个大有前途的集团前排就坐的。"屈突通听了，嚎啕大哭，当即表态："先帝对我恩重如山，当今皇帝对我信任有加，人固有一死，我这一腔热血，就要洒给先帝与当今圣上。"面对屈突通这番感天动地的话语，别人自然无法再说什么了。

但是，长安城终于沦陷了，屈突通的军心顿时一片混乱。因为长安城都没了，他们在潼关外围呆着，还有什么希望？李渊的主力大军随时会东出的，让屈突通还怎么对抗呢？更可怕的是，屈突通一伙人的家属大都在关中，想投降李渊的人，越来越多了。

大道理永远可以从两方面讲，"忠臣不事二主"是古人说的，"良禽择木而栖"也是古人说的。很快，第二种大道理占了上风，屈突通的小弟都纷纷劝他缴枪投降。

面对此情此景，屈突通再次嚎啕大哭，这次他说的是："不是我想投降，实在是山穷水尽，不投降不行了！天地神明、先帝今上，希望你们理解我！"

因为屈突通在大隋帝国有着极高的威望和地位，所以他的投降，对李渊集团有着不可低估的价值。看着屈突通，我总会想起三国的严颜，因为他们写在历史书上，从来都是忠义无双的形象，而实际上呢，他们就是当时最大的"带路党"啊！

屈突通刚刚投降李渊，李渊就交给他一个光荣的任务，劝降河东郡。屈突通开始以为，这个任务没有什么难度，因为他就是河东郡的最高军政长官，他亲自到河东郡劝降，城里的人肯定会给他面子吧。尤其是，他这种忠心可表天地的人物，都因为大势已去而投降李渊了，其他凡夫俗子，肯定是传檄而定的事吧。但是很不幸，现在驻守河东郡的尧君素，是堪称大隋第一忠臣的人。

所以当屈突通到河东城下劝降时，尧君素直接就告诉他："你这个可耻的叛徒，为了活命，就投降敌人，现在还有脸劝我们投降？你自己是一个无耻的小人，就以为天下都是你这种无耻小人啊！"面对此情此景，屈突通实在没脸在河东城下劝降了！而尧君素就凭借河东一座孤城，继续与李唐苦苦对峙着。

后来，宇文化及火并了江都的隋炀帝；再后来，王世充发动政变控制了洛阳的皇泰主杨侗。大隋帝国其实已灰飞烟灭了。此时此刻，放眼四海，似乎只有河东郡还飘扬着大隋的旗帜。

李渊派人轮番劝说尧君素投降，但是尧君素就是不为所动。后来，李渊又让尧君素的妻子去劝降，尧君素一箭射过去，当场就把她射死了。最后河东城内粮食吃尽，开始人吃人了，局面终于失控，尧君素也被投降派杀了。

尧君素是什么样的人呢？站在忠君的角度看，他是好样的。问题是，炀帝是传说中的邪恶化身，他一心护主，这不是传说中的狗奴才吗？因为主子多给了点狗粮，没事喜欢摸摸你的狗头，你就听凭唆使。主子让你咬谁，你就咬谁，你还有没有点是非观念？因此，史官写到尧君素时，总是一副欲说还休的笔调，因为他的忠义堪称感天动地，但他效忠的对象是隋炀帝，多少是令人遗憾的。

第九章　统一西部

第一节　轻描淡写平巴蜀

李渊夺取长安后，已在天下争霸战中，占尽了优势。而在当时，还有一个可遇不可求的机会，那就是南方的巴蜀，如同一只无助的羔羊正等着李渊去吞食。

巴蜀可是非同小可的地区，历史经验表明，一个人占据了巴蜀，在天下纷争之际，就可以成为举足轻重的力量之一。东汉末年，刘焉、刘璋父子占据巴蜀，就是一方诸侯；刘备占据巴蜀，就与曹操、孙权三足鼎立了；西晋崩盘后，李特、李雄父子占据巴蜀，在十六国历史上也算响当当的人物。如果此时巴蜀地区已博弈出了强势的叛乱首脑，李渊想依靠关中夺取巴蜀，难度可不是一星半点的大。要知道，过去三四百年间，成功夺取巴蜀的北方大佬只有两个，一个是司马昭，另一个是宇文泰。其他时候，巴蜀不是独立，就是作为南朝的后院存在。

但是目下巴蜀比较稳定，也没有强势人物坐镇，甚至，江南地区也没有强势的、足以吞并巴蜀的势力存在，以至于现在的巴蜀就是李渊口边的一块肥肉。

李渊夺取巴蜀的战略意义，怎么估计，也不过分。因为他西占关中，东据并州，如果加上南控巴蜀，整体实力那可不是一般的大。就算此时的中原和江南存在着局部统一的强势政权，也不足以与他抗衡，何况太行以东群雄并起，力量分散，李唐拥有的优势可以说是压倒性的。

但是这样一场事关大唐帝国前途命运的战争，史书的记载却是轻描淡写到了极点，只有短短几句话：

第一段话，李渊夺取长安，便派使者致函各地，于是巴蜀的军政长官、叛乱首脑，纷纷请求依附。

第二段话，李渊让李孝恭抚慰巴蜀，十几天里，就有三十多个州归顺。

第三段话，李渊让詹俊、李仲衮进军巴蜀，很快就控制了全境。

如果说平定巴蜀的主要参与者中，李孝恭还算个人物，那詹俊、李仲衮这两个人，简直就微不足道了，因为翻遍《旧唐书》《新唐书》，这两个人只在这里露过一面，然后就消声匿迹了。至于李渊派到巴蜀的使者，更是一些连名字也找不到，脸也没有露过的龙套演员。

为什么这样一场事关大唐帝国命运的战争，史书记载得如此轻描淡写？大约有两个原因：

第一，这一系列战争，与李世民无关。如果过多描写，夸大其价值，会削弱李世民在李唐历史中的地位。

第二，这一系列战争，本身就很简单。

巴蜀作为大隋帝国的辖区，没有一个强势的官方代表人物坐镇，内部一盘散沙，也没有什么称雄当地的叛乱首脑。在这种背景下，李渊夺取巴蜀，本身就是顺理成章的事。

因为史官在记述相关历史时，采取这种平实的态度，所以面对李孝恭等人征服了巴蜀的战绩，我们难免会感觉，他们只是白捡了一个便宜。以李渊当时的声势、实力，让任何人坐在统帅的位置上，也能把巴蜀征服了。

史书对李孝恭的军事地位论定，是不是客观，我们很难说，但是有一点可以肯定，如果李孝恭最后修成了正果，史书肯定不会这样写的。要知道，在过去的几百年间，曹操牛不牛？他到死也无法夺取巴蜀。司马懿牛不牛？他到死也无法夺取巴蜀。石勒、石虎牛不牛？苻坚牛不牛？拓跋焘牛不牛？谁有本事夺取巴蜀了呢？不难想象，如果李孝恭修成了正果，就凭他夺取巴蜀的事实，肯定会被人们吹得如同神人一般。

更重要的是，李孝恭的功劳不仅仅是夺取巴蜀。平定江南的战争，也是由他领衔完成的。这种战绩，翻开此前三四百年的历史，也找不到匹敌。司马昭平巴蜀，司马炎平江南，投入了两代人的心力。西魏的宇文泰夺取巴蜀后许多年，隋朝的杨坚才在此基础上收服了江南。除此之外，北方统治者，就没有人能取得这等成绩。如果李孝恭修成了正果，史书愿意肆意吹捧他，谁敢说他不比李世民更神功无敌呢？

当然了，因为李渊这一支在李氏家族中太过强大，尤其是李渊起兵后，主要军政大权握在他和三个嫡子手中，李孝恭虽然是李氏家族另一强宗的代表人物，而且长期独当一面，战功累累，却也只能选择功成身退。

李孝恭是有大智慧的人，在李唐开国时代，平巴蜀、收江南都是他领衔的，可他立有这种不世之功，说交出权力，马上就交出权力，丝毫不拖泥带水，这种淡定从容，历史上非常罕见。

第二节　损兵折将取陇右

平定巴蜀之后，大唐帝国最重要的军事行动，就是夺取陇右。这场战争因为是李世民领衔的，所以被写得神乎其神。其实呢，撇开纷纭的文学性细节，只看最基本的事实，我们就会发现，割据陇右的薛举与大唐相比，根本就不是一个重量级的选手。

我们盘点一下薛举此前的战绩：薛举在李渊叛乱前，就开始割据陇右，也就是现在的甘肃省东部地区。稍后，李轨就割据了河西，也就是现在的甘肃省西部地区。薛举与李轨以黄河为界，折腾到死，都无法把对方摆平。既然向西发展受阻，薛举想向关中方向发展，也曾被坐镇河池郡的萧瑀打得不能前进一步。

因为实力的原因，薛举与李唐正式交手前，就产生过投降的念头。显然，薛举占据的陇右，并不是什么重要的经济区域，这里空间有限，人口有限，后勤保障能力更有限，以这种地方为根据地角逐天下，实在是凶多吉少的。他乐观估计，带股加盟李渊，应该可以前排就座的，而且他的地盘比较偏僻，李渊没准会承认他的独立性。

可是，当薛举提出这一想法时，遭到了手下人的坚决抵制。薛举一看这势头，就不敢再说了。他心里明白：因为他现在领着大家勇往直前，大家才会把他当老大看；如果他一心想投降，火气大的小弟，连火并他的心都有了。在这种情绪裹挟下，薛举只能硬着头皮和李渊死磕。

薛举和李渊正式相争时，双方的实力，其实已可以用悬殊来形容。无论从地盘、财力、人口还是军队规模看，李渊都拥有压倒性的优势。何况，李渊是顶级豪门成员，社会关系比薛举高端很多，所以李渊集团的实力派，车载斗量。薛举集团与之相比，太过寒酸。更关键的是，最初突厥人答应支持薛举，在关键时候，因为李渊的运作，突厥人食言了。

但是，就在这种形势下，李世民还是被薛举打得大败而回，这是李渊起兵后的第一场大败仗，而且败得惨极了。

薛举大败李世民之后，还乘胜追击，只是很可惜，在这个关键时候，他得了重病，而且很快就死了。碰巧的是，薛举手下第一谋士郝瑗竟然也很快一病不起。否则，李世民怎么收场还真不好说。

唐军的这种惨败，是怎么造成的？

我们前面分析过，唐此前所有的胜利，都来自于战略上的成功，都是通过地方实力派们望风站队实现的，就没有硬桥硬马地打过一场大仗。如果李世民继续这样玩，应该照样顺风顺水。但是大唐军队士气正旺，而且实力雄厚，所以年轻气盛的李世民膨胀了，懒得扬长避短，试图一战击败薛举，反倒被薛举打得满地找牙。

这样实话实说，多少是有损李世民英名的。所以史书声称，李世民主张继续发挥己方给养充足的优势，把薛举的军队耗垮，再发动进攻。但是在关键时候，李世民得了急病，躺在床上起不来，于是他的助手刘文静，背着他主动出战，结果被薛举打得大败。

其实呢，这一说法，是经不起推敲的。因为史书一方面说，李世民是大唐开国战争说一不二的灵魂人物；另一方面又说，他手下的人可以背着他擅自出战。这不是开国际玩笑吗？

为什么这场大败后，李世民依然可以坐军界第一把交椅呢？有三个原因：

第一，李渊的军队，只能由李氏家族的核心成员指挥。

明摆的事实是，李渊晋阳起兵时，大元帅是李渊，左路元帅是建成，右路元帅是世民，中路元帅是元吉。

第二，李渊称帝后，太子的身份比较敏感，所以建成就不能随便统帅李唐的军事主力了。

第三，李元吉只有十五岁，而且坐镇太原，这样，能统领军事主力出战的人，就只有李世民了。这绝不是因为李世民举世无双，就好像，十五岁的李元吉可以全权负责大后方的军政，绝不是因为他能力超群。

这种事实表明，李世民在这场大败后，依然坐在军界首席，只是他的特殊身份决定，绝不是因为这场失败他没有责任。

李世民后来可以夺取陇西，很大程度上是因为：

第一，大唐帝国的综合实力，是碾压薛氏的。

第二，河西李轨执行远交近攻的战略，和李唐集团建立了同盟关系。

第三，大败李唐军队之后不久，薛举就死了，薛举的首席智囊郝瑗也死了，薛举的儿子刚刚上位，地位还不稳固。

双方军队相持一段时间后，大唐帝国的优势就越来越明显了。薛氏的军队因为缺乏粮食，纷纷投降了李世民。最后的结果，不用问，李世民发动总攻，一举就把薛氏击溃了。

第三节　兵不血刃定河西

薛举控制陇右（现在甘肃省东部）时，就想率军夺取李轨占据的河西（现在甘肃省西部），结果让李轨打退了。因为薛举和李轨的地盘接壤，如果薛举强大了，对李轨的威胁更直接、更明显，所以李轨基于远交近攻的战略，和李渊建立了同盟关系。

李轨选择的战略，有问题吗？从理论上，我们很难说它有问题，但是等李渊因此兼并了陇右，李轨就活到头了。因为现在的大唐帝国，是一个比薛举更可怕、更庞大的军政集团，并且也和李轨接壤了，而大唐帝国更是一副狼子野心的样子，下一个兼并的目标，肯定就是河西了。

现在，李轨最大的指望，就是他的地盘在西部边陲，大唐帝国对这种地方，未必急着攻取。再者，李轨还可以从突厥、吐谷浑那里寻找支持。乐观地考虑，李轨可以继续维持一段时间的独立地位。

李轨集团面前的两条路大约是这样的：

第一条路，就是带着这块土地入股李渊。

这种选择的弊端，就是李渊必然会派自己的嫡系过来，“协助”李轨管理当地。这样一来，李轨活得就非常憋屈了。

这种未来，李轨也许还可以接受。但是随着李渊统一大业的推进和中央集权的加强，他随时会让李轨“入朝”的。到时李轨入不入朝呢？入朝之后，会不会成为人家刀俎上的鱼肉？这一切充满了不确定因素。

第二条路，就是和薛举一样，率军和李渊角逐西北的统治权。

这种选择，多少是不现实的。因为现在的李渊，无论从地盘、人口、财力还是兵力上看，都是全方位碾压李轨的存在。

这样，李轨自然想着寻找第三条路了，就是和李唐建立兄弟式邦交关系。过意味着，尽管李轨示了弱，服了软，但是，第一，李渊不能向这里派嫡系“协助”李轨的工作；第二，李轨想和吐谷浑、突厥怎么相处，都是自己的权利。看到李轨要这种滑头，李渊非常生气，直接就把他的使者扣留了，并且开始讨论如何进攻李轨。

这时，安兴贵闪亮登场了，他自告奋勇地去游说李轨。

李渊问安兴贵：“李轨现在有国际力量支持，而且占据的又是我们鞭长莫及的地方，派军攻打，也未必能让他屈服，你去游说，能成功吗？”安兴贵说：“我们安氏家族，在河西地区也是标准的豪门，家族成员在李轨集团占据众多重要席位。我现在去劝说李轨，如果他愿意投降，啥都好说；如果他不愿意，以我们安氏家族在当地的影响力，不难用武力灭掉他。”

安兴贵进入河西，就劝李轨投降。现在的李轨，如果接受这种游说，就等于接受李氏、安氏两大家族分享一份富贵的前途命运，他显然是不愿意的。看到李轨不识抬举，安兴贵就开始策反当地的动摇派了。经过一系列运作，动摇派就成了投降派，等李轨发现苗头不对时，局势已失控了。

事实上，李轨和他的小弟敢于谋求独立地位，就是依仗着自己距中原王朝比较遥远，觉得中原王朝不能把他们怎么样。因为这个原因，李轨集团在开始割据时，大家就都是一脸的投机相，前排的大哥们，竟然没有人想坐第一把交椅。你跟在后面混事，形势大好，就跟着一块吃肉喝汤；形势不利，换个老大继续混啊！但是当了老大，这个问题就比较复杂了。混好了，自然是吃香喝辣；混得不好了，全家人头都有可能交出去的。李轨就是在这种局面下被推上老大位置的，所以在关键时刻，他果然稀里糊涂地交出了脑袋。

而安兴贵呢？因为愿意利用自己的家族势力，帮助李渊夺取、管理河西地区，得到了一份滔天的富贵。

夺取河西后，李唐占据着关中、巴蜀、陇右、河西、并州，而且河北、河南也有不少地方实力派高挂着李唐的大旗，席卷天下之势已经形成了。

但是，有一个阴影突然笼罩在李渊集团的上空，那就是突厥人终于支持刘武周来攻打晋阳了。

这可真是一个大问题！

第十章　收复河东

第一节　投鼠忌器　突厥人的阴影

此前，李渊一直发展得很顺利，主要是因为他和突厥（本书中如无特别说明皆指东突厥）人保持着比较友好的关系。这样，突厥人不会进攻李渊的大后方，依附突厥人的刘武周也不敢搞什么小动作。现在，李渊的军事力量正在河西作战，突厥人却开始支持刘武周袭击李渊的老巢了。

突厥人这样做大约出于两个原因：

第一，看着李渊势力越来越大，突厥人终于开始想着制约他了。毕竟，突厥人不希望中原实现统一。

第二，李渊做大后，对突厥人的态度，多少有些不驯服了，他竟然敢款留始毕可汗的对手西突厥曷娑那可汗。

突厥人自然要给李渊一点颜色看了。

武德二年（619）三月，在突厥人的支持下，刘武周开始蚕食李渊的地盘。李渊赶紧派使节团给始毕可汗送礼，但是使节团走到半路，却传来始毕可汗死了的消息。这对李渊来说，真是喜忧参半。从好的方面看，支持刘武周南侵的幕后力量暂时解除了，让李渊如释重负。从坏的方面看，突厥名正言顺的老大突然死了，李渊一时连烧香的庙门也找不到了。

始毕可汗死后，他的弟弟和他的儿子争夺起了汗位。在这个时刻，李渊的使节团带着重礼进入突厥地盘，处境非常尴尬，因为面临着一个站队的问题。

当时唐使的做法是停止前进，并且把礼物存于附近的仓库中，等李渊的指示。始毕可汗的弟弟处罗可汗当时就火了，因为这明显是一个观望的态度。这样，尽管李渊一个劲讨好突厥，但是新可汗依然下决心支持刘武周入侵。于是三月二十二日，刘武周大举进犯，四月二日，榆次沦陷。

李唐应该派更多的军队到晋阳吗？如果对手只是刘武周，这比较好说，但牵涉了突厥人，局面就比较复杂了。虽然说，现在突厥人和李唐反目了，但是，双方矛盾还没有激化；如果李唐一个劲地针锋相对，大肆向晋阳增军，就有可能刺激这种矛盾不断升级。出于这样的顾虑，李渊只好不断向突厥人示好，而不敢把军事主力派到晋阳。

这场战争，表面上是在李唐与刘武周之间进行的，其实是在李唐与突厥人之间进行的。只要把突厥问题解决了，一切就迎刃而解，否则，别看李渊现在羽翼已丰，也很难跨过这个坎。

到了六月十二日，突厥方面突然向李渊报了丧。李渊赶紧在长安城给老可汗举办了盛大的哀悼活动，并且给突厥人送了一大笔钱。

老可汗二月就死了，现在已是六月，突厥才向李唐方面报丧，这是为什么呢？显然是因为经过一系列的外交运作，李唐与突厥的矛盾和缓了。但是两国关系依然微妙：一方面，双方正常互派使节；另一方面，突厥人加大了对刘武周的扶持力度，而李渊也派宰相裴寂坐镇晋阳了。刘、李之战也一再升级。

李渊尴尬极了，因为他实在不敢派军事主力过去，但是没有军事主力参加，这种战争就是不对等的。刘武周的军队一胜再胜，李唐在山西的城市，一个接一个沦陷，刘武周很快就打到了龙门一线。这意味着李渊再不积极行动，整个山西就不属于自己了。迫于这种压力，李渊终于做出一个非常关键的举措，那就是在九月二十一日，把流亡在长安的曷娑那可汗，交给了突厥使者，任由他们杀死。这是一个非常重大的让步。

西突厥曷娑那可汗与北突厥（引者按，即东突厥）有怨。曷娑那在长安，北突厥遣使请杀之，上不许。群臣皆曰：“保一人而失一国，后必为患！”秦王世民曰：“人穷来归，我杀之不义。”上迟回久之，不得已。丙戌，引曷娑那于内殿宴饮，既而送中书省，纵北突厥使者杀之。（《资治通鉴·武德二年》）

一方面，李渊对突厥人的妥协，已到了退无可退的地步；另一方面，他也派李世民率领大唐军事主力倾巢出动了。李渊的态度很明确：我们对你一让再让，如果你再逼我们，我就和你玩命了。

这样，突厥人终于开始妥协了。他们现在对李渊让步，还可以从李渊那里敲诈到各种利益；而与李渊死磕下去，其实是非常危险的。因为他们竭尽全力，自然有可能把李渊打残了，但是突厥人自己恐怕也要付出惨重的代价。到时，万一新可汗的哪个政治对手，愿意和李渊合作，他们就要再次面临分裂的危险了。经过这种考虑，突厥人的态度终于发生了变化。

在李渊一系列有理、有利、有节的政治外交攻势下，突厥人终于决定不再帮助刘武周了。

第二节　世民东出　局势逆转

说到这场战争，许多人认为李元吉和裴寂是饭桶，因为他们坐镇晋阳，让刘武周打得一败再败，最后竟然把晋阳丢了，让刘武周席卷了整个山西。而李世民一进入山西，战局马上就发生了逆转。其实呢，只要我们透过现象看本质，就会发现，这一切，只是时也势也。

李世民可以让战局逆转，主要有两个原因：

第一个原因，就是突厥人不再支持刘武周了。李世民率军讨伐刘武周时，突厥可汗的弟弟亲率两千骑兵助唐。仅这一点，就足以让刘武周面临崩盘的危险。

刘武周最大的底牌，始终就是突厥人的支持。如果没有突厥人支持，刘武周啥也不是。当时的李渊占据着关中、巴蜀、陇右、河西，而且在山西也有着根深蒂固的影响。而刘武周呢，说破了天，也就是占据着一个山西，且大部分地区还是刚刚到手，没有捂热乎呢。

当然了，突厥人绝不是活雷锋，他们愿意帮助李渊，肯定是有条件的。把刘武周清理出局后，刘武周从前的地盘，归谁所有呢？显然是突厥人啊！理所当然的，大败刘武周后，突厥可汗一度亲自率军进入晋阳城，要钱要女人不在话下，更留下数百军队，美其名曰，协助唐军防守。从此以后，晋阳以北地区，遍地都是突厥人的驻军。

刘武周最悲催的还在于，他被突厥人这样摆了一道后，还得继续乖乖讨好突厥人。同样的，突厥人对李渊一直百般欺凌，李渊也得一个劲讨好突厥人。

李渊的盘口比较大，在退无可退的时候，还能以破釜沉舟的姿态，迫使突厥人对自己妥协；刘武周的盘口实在太小，所以他被突厥摆了一道之后，只能继续把希望寄托于突厥人接纳他当代理人上。但是很不幸，突厥人已经丢弃他了。刘武周接受不了这个事实，于是被突厥人杀了。

李世民进入山西可以让战局逆转的第二个原因是，李世民、李元吉、裴寂代表的军事力量是不同的。

李元吉代表的是晋阳留守部队。此后虽然陆续有军队增援山西，但实在没有哪支称得上主力部队。裴寂能够带到山西的军事力量，也是非常有限的。而李世民率军进入山西，则意味着大唐的军事主力倾巢出动了！（“上于是悉发关中兵以益世民所统。”）更重要的，透过史书字里行间的内容，我们甚至可以看出，是李渊亲自率领倾国之兵出战了。李渊起初坐镇黄河岸边的长春宫，后来干脆亲自进入了山西。

当然了，站在李世民的立场去写，这就是李渊为了给李世民送行，到达了黄河岸边，后来军情紧急就越过黄河探视李世民。总之，李渊虽然亲自坐镇山西，也就是客串角色，真正的主角，始终都是李世民。

当年刘邦前线打仗，也得说汉朝开国第一功臣是萧何，战争能取得胜利，是因为萧何坐镇关中，给前线提供了充足的后勤保障。现在，李世民前线打仗，人们竟然相信坐镇黄河岸边，给前线提供保障的皇帝李渊丝毫不起作用，这是为什么呢？

第三节　失去靠山　刘武周崩盘

突厥人支持刘武周的时候，山西的地头蛇们，自然没有人敢随便站在李渊一边与刘武周死磕，因为这看起来就是没有结果的事。现在，突厥人开始支持李渊了，而且大唐帝国的军事主力倾巢出动，在这种背景下，山西境内的地头蛇们，自然要重新选边站队。李世民率军进入山西境内，只要通过一系列政治策反，就足以让刘武周陷入危机之中。

刘武周的军事主力，想从大后方运输后勤物资，就需要穿越大片政治可靠性非常差的地区，而且长途运输损耗极大，何况，他的大后方，也不是什么主要产粮区。想从驻军当地筹粮，就得最大限度地分兵，而面对李唐军事主力的严阵以待，刘武周的军事统帅哪敢随便分兵呢？

时河东州县，俘掠之余，未有仓廪，人情恇扰，聚入城堡，征敛无所得，军中乏食。世民发教谕民，民闻世民为帅而来，莫不归附，自近及远，至者日多，然后渐收其粮食，军食以充。乃休兵秣马，唯令偏裨乘间抄掠，大军坚壁不战，由是贼势日衰。（《资治通鉴·武德二年》）

我相信刘武周的军事统帅，肯定会为盲目深入这种地方而后悔，因为这显然是掉进陷阱里了。在这种地方，他们想解决后勤问题，是无法想象的；他们想和李唐的军事主力决战，李世民却深沟壁垒，懒得和他们打仗。对已掉进陷坑的猎物，你让猎人与它肉搏，开什么玩笑！面对李世民这种态度，刘武周的军事统帅，肯定有一种说不出的绝望。

看到刘武周军队士气越来越低落，有人就建议李世民大举进攻。李世民说："着什么急？猎物就在坑里，迟早也是我们盘里的菜，再等等，他也飞不走。"两个月后，刘武周在前方的军事主力，终于呈现出崩盘之势。

越靠北方，刘武周的影响力越大，后勤越容易保障；越往南方，刘武周的影响力越小（因为这里以前都是李渊的地盘），后勤保障就越困难。现在，刘武周的军事主力，延伸到了山西最南部，机动性已经非常差了。李世民可以一举大败刘武周，就是在此基础上实现的。

如果最后是李元吉修成了正果，说到自己当年弃守晋阳时，估计也会大吹特吹：欲进先退，欲左先右，这样才能最大限度地发挥自己的力量，我们能大败刘武周，就是因为这种高明的战术奠定了基础。

李元吉是不是应该坚守晋阳呢？这个问题比较复杂，因为坚守的结果，可能就是晋阳老巢受到重大损失；适当转移，确实是可行的。但是李元吉后来被清理出局了，他做过的战略选择，自然怎么看都是不可饶恕的罪过。

总的来说，这场战争的结果是李渊、突厥、刘武周三方博弈出来的，很难说与前敌统帅的英雄无敌有必然联系。简言之，李唐收复河东的关键是外交上的胜利，绝不是军事上的胜利。

第十一章　席卷关东

第一节　虎视天下之势已成

李渊大败刘武周后，就开始大举进攻王世充了。

当时的李渊，占据着关中、巴蜀、陇右、河西、并州，这种实力，不要说面对的是山头林立的关东（函谷关以东，相当于今天的河南、河北、山东等地区）了，就是关东地区的窦建德、王世充、高开道、孟海公、徐圆朗、李世勣、罗艺合体，也难与他抗衡。

传统史书为了渲染李世民神功无敌，常常会模糊这种最基本的事实。尤其是在说到李世民大败王世充、窦建德时，史书更是有意无意地希望人们相信，李世民是一个人单挑了王世充、窦建德，是以少敌多。

问题是，王世充、窦建德两个人的实力加起来，与大唐帝国相比，也不是一个重量级的选手啊。当时背景下，大唐帝国横扫天下，就是一种常态；如果大唐帝国失败了，那才是非常奇怪的事。

除了实力悬殊，上天给李唐又派发了一个大红包。李世民率军东出之前，李密一系就在洛阳城下崩盘了，他的人马，都纷纷站到了李渊一边。

先是李密率领两万人马进入关中，虽然他很快被李渊清理出局，但是他的部属，大部分都被吸纳进了李渊的阵营内。随后，李育德、刘德威、贾闰甫、高季辅等李密旧部，或者以土地，或者以兵丁，前来入股。再后来，在魏征的劝说下，李世勣带着以黎阳为中心的大片土地投降了李渊。再后来，在魏征的劝说下，元宝藏带着魏州投降了李渊。再后来，秦琼、程咬金等李密旧部，也因为不看好王世充，投降了李渊。

关东地区的其他力量，也纷纷投靠李渊。襄平太守邓暠以柳城、北平二郡降唐。罗艺以幽州降唐。王世充手下的将领李君羡、田留安也率领部下投降。随后，北海、文登的军政长官，东海、齐郡、东平、任城、平陆、寿张、须昌的叛乱首脑，都以属地投降。再后来，割据山东的大哥级人物徐圆朗也以数州之地请降。再后来，王世充手下大将罗士信、杨虔安、李君义都率领人马投降。

我们必须知道，这一切都发生在李世民率军东出之前，而且都是望风站队的结果，并不是大唐军事胜利的收获，和李世民的神功无敌，没有半毛钱的关系。

前秦灭前燕时，势力显然不能与当时的唐相比。

北周灭北齐时，势力也不能与当时的唐相比。

前秦、北周在各自的条件下都能顺利灭前燕、北齐，李世民以他的条件，打败王世充、窦建德，有什么奇怪的？更何况王世充、窦建德这两个人还同床异梦、勾心斗角，根本形不成什么合力。

第二节　绝境中苦苦挣扎的王世充

武德三年（620）七月，李世民正式和王世充开战。因为李世民拥有压倒性的优势，所以王世充只能困守洛阳城，至于洛阳城之外的地方，都纷纷变色。

七月二十八日，王世充的洧州长史张公谨与刺史崔枢献州投降。八月九日，邓州土豪捉住王世充任命的刺史献城投降。九月十三日，王世充的显州总管田瓒率领所属二十五州投降。九月十七日，王世充的尉州刺史时德叡率领所属的杞、夏、陈、隋、许、颍、尉七州来降。九月二十二日，杜才干献濮州。十月三日，王世充大将张镇周来降。十月十五日，管州总管杨庆来降。十月二十七日，荥州刺史魏陆降，汴州刺史王要汉降。十二月三日，王世充治下的许、亳等十一州请降。十二月十三日，王世充的随州总管徐毅降。次年（621）一月二十三，王世充的梁州总管程嘉会降。二月二十二日，王泰弃河阳逃走，他手下将领献城。二月二十七日，王世充的怀州刺史陆善宗献城。二月三十日，王世充郑州司兵沈悦降。

通过这种最基本事实的罗列，我们可以清楚地看出当时唐的胜算有多大；而看《说唐》一类的文学性文本，我们难免会以为，大唐当时的处境非常危急。

事实上，当时的洛阳城，已到了山穷水尽的地步，开始人吃人了，官员都有饿死的，老百姓更不用说了。处于绝境中的王世充，最大的指望，就是窦建德会过来拉他一把，可是窦建德却始终有着自己的盘算。

七月，李世民和王世充正式开战，而窦建德呢，竟然接受拉拢，一直和李渊保持着不清不白的关系。窦建德的如意算盘是，借李世民、王世充争斗的机会，把河北统一了。于是，这边是王世充被李世民打得苦苦支撑，那边却是窦建德率军到幽州和罗艺、高开道开仗。但是打来打去，窦建德终于无法攻克幽州，只好率军返回。此时，李世民和王世充已开战三个月了。

即便如此，窦建德仍想借机扩张自己的势力，所以他又和曹州的孟海公打了起来。这次，他表现得还不错，总算把孟海公打服了，但是这一通折腾，时间又过去了三个月。

巧合的是，武德四年（621）二月三十日，孟海公投降窦建德，就在同一天，李世民因为王世充的部下沈悦里应外合，夺取了军事重镇虎牢关。此时的王世充，实在山穷水尽了。窦建德这才想起来帮助王世充，已经为时过晚。

现在的中原大地，到处飘扬着大唐的旗帜，王世充占据的洛阳城，如同一个被巨浪包围的孤岛，随时都有可能被吞没。

第三节　自古能军无出李世民之右者

许多传奇化的大唐开国历史故事中，总是有意无意地强调李世民以少胜多，大败王世充、窦建德，写到后来，连李世民率领五千人马，大破窦建德十万大军的故事也编出来了。事实上，撇开文学性叙述，我们不难发现，李世民（李渊集团）的成功战术，通常是集中优势兵力逐个歼灭敌人。用李世民自己的话说：

自少经略四方，颇知用兵之要，每观敌阵，则知其强弱，常以吾弱当其强，强当其弱。彼乘吾弱，奔逐不过数百步；吾乘其弱，必出其阵后反而击之，无不溃败。（《资治通鉴·唐纪八》）

在具体战斗中，兵力处于明显的弱势，不要说别人了，就是拿破仑那种战神级的统帅，也会被敌人打得毫无还手之力。滑铁卢之战中，法军七万，敌方十一万，就是这种兵力的相对弱势，令拿破仑无力回天。

有一位当代军事战略家说："自古能军无出李世民之右者。"而他之所以这样说，正是基于对上引李世民言论的认同：

所谓以弱当强，就是以少数兵力佯攻敌诸路大军。所谓以强当弱，就是集中绝对优势兵力，以五六倍于敌一路之兵力，四面包围，聚而歼之。

克劳塞维茨的《战争论》说：“如果我们看到，一倍优势的兵力在天平上竟有比最伟大的统帅还大的重量，那么我们就不应当怀疑，在一般条件下进行的大小战斗中，不论其他方面的条件如何不利，只要有显著的数量上的优势，而且无需超过一倍，就足以取得胜利了。”《战争论》在西方军事领域的地位，大约相当于《孙子兵法》在中国。《孙子兵法》也曾说过：“小敌之坚也，大敌之擒也。”所以敌强我弱，我们就只能在运动中寻找战机，而绝不是玩什么御敌于国门之外。真正的“能军”就是对战争中的客观性因素的研判、掌握和利用，而绝不是藐视。

古代的战争记述，通常是文学加工的产物。在这种神化了的战争中，说到某个统帅优秀时，通常都会强调他的以少胜多、以弱胜强。因为这样的原因，大唐帝国的军事资源，明明相较于王世充、窦建德有着压倒性的优势，史书写到李世民的用兵艺术时，依然习惯性地强调他是以少胜多、以弱胜强。

作为统帅，明明背后的军事资源远远超过敌人，但是在具体的战场上，却只能以劣势的兵力与敌人开战，这能说明什么？大约只能说明他的蹩脚吧。

作为统帅，明明背后的军事资源远远超过敌人，但是在具体的战场上，却非要以劣势的兵力大败敌军，这是又为了什么？大约只因为人们把战争当故事去写吧。

只要我们清楚这一点，自然就会知道，李世民与王世充、窦建德之间，绝不可能存在什么以少胜多的事。

第四节　进退失据的窦建德

武德三年（620）七月，李世民与王世充正式开战。次年三月，窦建德才正式率军救援，实在有点晚了。

第一，在过去的半年时间里，洛阳城已山穷水尽，开始人吃人了。

第二，洛阳城外的地区，都被李世民收割殆尽了。

第三，二十天前，王世充的郑州司兵沈悦投降李世民，里应外合，帮助唐军夺取了虎牢关。

在中原战场上，虎牢关绝对是一个举足轻重的战略要地。遥想当年，刘邦在虎牢关设防，项羽率军争夺了两年多时间，还是无法得手，最后在进退失据中走向败亡。后来李世民在虎牢关设防，窦建德也无计可施，一个多月后就在虎牢关下崩盘了。

在这种前提下，虽然窦建德、孟海公、徐圆朗实现了某种联合，但是整个中原战场的局势，可以说已无法挽回了。

窦建德想救援洛阳，首先得越过天险虎牢关，而虎牢关由李世民亲率的大军防守，窦建德根本无法突破。与此同时，洛阳城是一副山穷水尽的样子，根本没有多少时间让窦建德稳扎稳打。

有人建议窦建德说：“这样打下去，实在看不到希望，不如我们来个围魏救赵，率军直逼关中，逼迫李世民回援，洛阳之围自然就解了。如果李世民不愿意回援关中，我们就可以趁机把李世民的大后方端了。”

因为窦建德最后没有采纳这个围魏救赵的计划，所以后人难免会认为，如果窦建德明智一点，按这个计划行动，肯定就能避免失败。其实呢，当我们认为这个战略非常正确、窦建德非常不智时，首先应该思考一个问题：窦建德是什么人？窦建德最初一无所有，在乱世之中通过层层残酷的淘汰，混成了诸侯级的人物，还是李世民最不敢掉以轻心的对手之一，你说窦建德有多大能耐？既然窦建德认为这个计划不可行，自然有它不可行的道理。一个普通的历史爱好者，居高临下地嘲笑历史人物的选择错误，通常只是因为他把问题想得太简单了。

军政问题，绝不是非 A 即 B 的判断题，一个人选择 A 错了，并不意味着选择 B 就正确。处于窦建德的位置，他怎么选，其实都是没有希望的。

在半年前，王世充就一再向窦建德求救，而窦建德却一直忙着和幽州的罗艺、曹州的孟海公打仗。开始，窦建德用了三个月时间，无法打败幽州的罗艺；后来又用了三个月时间，总算打败了曹州的孟海公。就凭窦建德这种表现，真有人相信，他率军直逼关中，就能迅速打乱大唐的阵脚？

要知道，此时的洛阳城，根本支撑不了多久，在这种时刻，窦建德不积极救援洛阳，却玩什么所谓的围魏救赵，就凭他的军事实力，恐怕还没有真正打开局面，洛阳城就沦陷了。而洛阳城一旦沦陷，窦建德就只能与唐单挑了，他更看不到胜利的希望。

窦建德与唐相比，还有一个致命的缺点，就是他的政治组织非常松散。当时河北的地头蛇，恐怕都认为，窦建德统治他们也好，李渊统治他们也好，并无本质的差别，所以在关键时候，他们并不会一心为了窦建德和唐死磕，而窦建德本身，也缺乏和唐死磕到底的勇气。

窦建德俘虏李世勣后，对他极尽优待之能事，李世勣却一心谋杀窦建德，并且逃回了大唐。有人劝窦建德杀掉李世勣的父亲、弟弟，作为报复和威慑。但是窦建德最终没敢这样干，因为杀了李世勣的父亲、弟弟，于事无补，徒然加深仇恨。于是窦建德就说："李世勣身在窦营心在唐，真乃忠臣也！我怎么可以杀他父亲、弟弟呢？"

当然了，因为相同的原因，窦建德俘虏了淮南王李神通，也是极尽优待的；俘虏了李渊的妹妹同安长公主，也是极尽优待的。

窦建德这样做，一方面是因为他不希望堵死日后的"统战工作"渠道；另一方面，也是希望战争进行得更像友谊赛，谁胜谁负，以后都可以一家过日子。作为一个政治集团，抱着这种心态进行决战，他的作战意志能强到哪去？因为这样的原因，一战失利，窦建德集团就崩盘了。

其实呢，窦建德集团崩盘得这么快，主要是因为他们对唐抱有太多的幻想，绝不是因为他们就这么不堪一击。事实上，在这种幻想破灭后，虽然窦建德已死，他的余部依然有本事让整个河北迅速变色。

但是不管怎么说，当李世民把窦建德押到洛阳城下时，王世充终于绝望了，因为这样死撑下去，实在是一点希望也没有，于是王世充率领大家出城投降了。

到此为止，李世民的军事生涯达到了顶峰，李唐统一天下的战争也进入了收尾的阶段。

第五节　河北复叛

李世民大败王世充、窦建德，就是传说中的一战擒双龙，因为王世充、窦建德二人都曾开国立号。这场战争的胜利，让李世民走上了人生的巅峰。他被授予天策上将的头衔，意味着从此地位高居诸王之上了。

但是很不幸，王世充、窦建德虽然失败了，整个关东地区，依然充满了不安定的因素，任何一点风吹草动，都会让这里迅速脱离大唐的控制。

为什么会这样呢？

王世充等人投降李渊后，一直认为李渊会给他们在前排留一些席位，因为他们最后是出城投降的，李世民也曾许诺他们，大唐的一贯政策就是优待俘虏。情理上讲，李渊想顺利接管关东地区，也得把他们当成主要的“统战对象”啊！但是很不幸，李渊一点面子也没有给，于是他们大多死于非命了。

最典型的例子是单雄信。单雄信与李世勣是铁哥们，曾立誓不求同年同月同日生，但求同年同月同日死。后来李世勣跟着李渊混，单雄信跟着王世充混。王世充战败后，李渊要杀单雄信，李世勣为单雄信求了半天情，甚至还说希望用自己毕生的军功，换取单雄信一个活口，结果李渊毫不留情。

李世勣可是非同小可的人物。想当年，关羽希望曹操饶张辽不死，曹操二话不说就饶了张辽一命。现在，李世勣希望李渊父子饶单雄信一命，却无能为力。

单雄信也是非同小可的人物啊，在瓦岗寨，他就与李世勣并称，投靠王世充之后，也是王世充帐下的一员猛将。单雄信尚且不免一死，其他以前跟着王世充混的人，能是什么结果？

窦建德等人投降李渊后，也认为李渊会在前排给他们留一些交椅的，但是很不幸，李渊二话不说就把他砍了。

窦建德过去对李渊阵营的俘虏一贯善待，现在窦建德被李渊俘虏了，李渊却一点旧情也不念，这是什么道理？

面对此情此景，窦建德的旧部一时都惊疑不定，因为李渊这种做法，让他们看不到希望。在这种背景下，窦建德旧部很快实现了联合，于是窦建德从前的控制范围，很快就复叛了。

我们很容易意识到，李渊当时的操作有误。因为他手段温和一点，政策宽大一点，就可以避免后来的叛乱。

其实呢，这牵涉到一个利益分配问题。李渊如果尊重窦建德旧部的既得利益，他们自然不会造反了，但是这样一来，李渊一系的利益如何扩张呢？现在就这一桌子菜，几个大哥坐在这里吃，客套一点说，谁想加入，也就是添一双筷子的事，但是真有人过来吃的时候，恐怕就是另一回事了。

窦建德这种底层起家的人，李唐通常是不欢迎的。因为这种人大批进入权力核心，就相当于豪门吃饭，突然挤进一帮泥腿子，成何体统？能融入李渊集团核心的人，大都是有豪门贵族背景的。比如，裴矩开始跟着隋炀帝混，后来跟着宇文化及混，再后来跟着窦建德混，但是窦建德失败后，裴矩依然可以在唐前排就坐，甚至还当了宰相。单看这份履历，裴矩就是一个无常小人，但是谁叫裴矩有豪门背景呢，所以李渊自然会重用他。

底层起家，还能前排就坐的人物，李渊时代，大约也就李世勣一人而已。但他仍然是一个异类。

李世勣之于窦建德，相当于关羽之于曹操。窦建德俘虏过李世勣，李世勣也跟着窦建德混过；李世勣后来背叛窦建德，窦建德的表现，也和曹操对关羽的态度类似。但是，当窦建德被杀时，李世勣连求情的资格都没有。

李世勣之于单雄信，相当于关羽之于张飞，不求同年同月同日生，只求同年同月同日死。但是，单雄信被杀时，李世勣苦苦求情，李渊、李世民丝毫不为所动。

尉迟恭其实就是一个爪牙之士，他作为秦王李世民的嫡系，是在玄武门之变时表现得太优秀，才算真正挤入了权力核心。在此之前，他实在称不上大人物。至于程咬金、秦琼之类的人，就更不用说了。但是在一些演义小说的渲染下，人们往往误以为他们是隋末割据时代最风光的人物，乃至大唐江山都是他们用竹节钢鞭和瓦面金锏打下来的。

总的来说，李渊处理王世充、窦建德之无情，主要出于利益分配的考虑。尊重这些圈外人的既得利益，容易在政权内部形成盘根错节的异己力量。所以，李渊的态度很明确，就是彻底地、无条件地改编他们，不会和他们谈太多的条件。这种做法，自然会让窦建德一系的人，感觉非常不满。

在这种背景下，窦建德手下的几个小弟，经过简单的串联，就推举刘黑闼为首脑，开始再次叛乱了。刘黑闼振臂一呼，就有无数人响应，是因为刘黑闼神功无敌吗？显然不是的。这很大程度上是因为当时当地，不满李唐利益分配的人实在太多了。

李渊让李神通等人前去讨伐刘黑闼，被打得大败。所以不到半年时间，窦建德从前的势力范围，就都挂起了刘黑闼的大旗，而且徐圆朗也以山东之地依附，中原众多地区也纷纷响应，整个关东一度有失控之势。在这种背景下，李世民再度出场，很快就把刘黑闼打败了。面对这一事实，人们总有一种错觉，那就是李世民军事才能优于所有的人。其实情况无非是，最初李渊派出两万大军，加上前方的三万大军，根本镇不住场子，后来他一口气派出十万大军，终于把叛乱平定了。

当时的唐已基本完成了天下的统一，现在只是关东地区出现了叛乱，统一战争进行到后期，实质上就是唐集中天下之力，平定关东一隅。

然而，李世民取得平叛胜利后，仅仅一个多月时间，关东地区再度陷入大乱。为什么会发生这种事呢？如果李世民后来夺位失败，这段历史，后人会怎么写呢？

他们肯定会说，李世民是一个有勇无谋的冷血军人，不但缺乏政治头脑，而且暴虐成性。所以他尽管凭借唐的雄厚实力，一再打败关东势力，但是关东人都是不敢言而敢怒。以至于大唐帝国军事主力一班师，当地叛乱马上就再度风起云涌。看到李世民这样失败，唐高祖李渊就让太子建成闪亮登场了。太子建成一出手，恩威并重，于是关东地区终于稳定了，被彻底纳入大唐的版图。

第六节　太子建成收拾关东残局

大唐帝国在平定关东地区初期的整治措施，就是大刀阔斧、不服者斩之。所以，窦建德、王世充出局后，刘黑闼、徐圆朗再度让关东风云变色。所以，李世民率军大败刘黑闼、徐圆朗之乱后，看似败局已定的刘黑闼振臂一呼，又卷土重来了。

刘黑闼卷土重来后，李渊就让太子建成出场了。

李渊为什么不让秦王李世民继续率军，而改换太子建成呢？如果李世民是历史的失败者，史书肯定会强调，他搞不定关东是因为缺乏政治头脑，一味军事镇压，所以关东人心不服，一有风吹草动，叛乱就会如燎原之火。

即使李世民取得了最后胜利，我们从现存史书的字缝中，也可以看出，在对敌态度上，太子建成一直强调怀柔，攻城为下，攻心为上；而秦王李世民则强调乱者斩之，不服者斩之。

玄武门之变前，秦王李世民对李渊说："太子建成一直想拉拢王世充、窦建德，扩张自己私人力量。我为了大唐帝国的根本利益，劝您杀了王世充、窦建德。因为这个原因，太子建成一直对我怀恨在心，想方设法迫害我。"这似乎可以表明，大败王世充、窦建德后，大唐帝国内部，在如何处理王世充、窦建德的问题上有过分歧。李建成认为应该拉拢他们，李世民则认为应该毫不留情地施加打击。

李建成可以领衔这次军事任务，大约是因为两个原因：

第一，李渊对李世民此前的成绩并不太满意。因为平定王世充、窦建德后不久，整个关东地区又变色了；平定刘黑闼后，整个关东很快又变色了。

第二，秦王李世民大败刘武周、王世充、窦建德，又大败刘黑闼，在军界的地位已是如日中天。在这种背景下，李渊自然会想到加强一下东宫的势力。

李建成以太子之尊，全权负责收拾关东地区的残局，这可是非同小可的事情。关东地区的军政长官，肯定都会纷纷向他靠拢。一来，当地的处置大权，现在完全在太子建成手中；二来，没有意外李建成就是未来的皇帝，此时你不站好队，等到以后再站队，估计就有点晚了。

从后来的情形看，太子建成显然明白自己的身份，所以皇帝赋予他左右天下的权力，他并没有肆意运用。他在扩张自己势力的时候，非常保守。说得具体点，他只求自己的地位比秦王李世民略占优，绝无意于漫无边际地扩权。

总的来说，太子建成在武德五年（623）的表现，让李渊非常满意。

太子知道进退，皇帝布起局来，就非常简单。

太子如果不知进退，一味扩张，皇帝常常会陷入进退失据的境地。因为增强亲王势力制约太子，会让这种平衡游戏越玩越复杂；打压太子，有可能逼得太子狗急跳墙，更可能在自己死后留下一个弱势太子，引发帝国的新一轮内讧。

所以，大唐帝国此后的重大军事行动，或是以李建成为主、李世民为辅进行；或是李建成、李世民各负责一方。武德六年（624）与突厥开战，李渊就是让李建成、李世民一块出征的。这种情况下，主帅肯定是李建成，不会有任何疑问，因为李建成是哥哥，更是太子。武德七年（625）与突厥开战，则是太子李建成率军到幽州，秦王李世民率军到并州。

然而，随着太子建成的势力日渐增长，难免会传出各种流言，以致李渊一度对太子如临大敌。因为有确切情报显示，太子建成已利用李渊的信任，开始抢班夺权了。这就是我们此前所说的杨文干事件。

第十二章　李世民招兵买马
玄武门之变呼之欲出

第一节　杨文干事件　改头换面又上演

在玄武门之变前，李世民让自己的亲信小弟张亮，率领一千多人到洛阳，为自己结交当地豪杰。为此，他拿出大量钱财，让张亮随便使用。

想当年，李渊在造反前夕，也是派李建成在河东，李世民在晋阳结交豪杰之士，并且为此拿出大量钱财，让他们随便使用。

张亮出身社会底层，一路跌爬滚打，最后让自己的画像挂在了凌烟阁上，端是非同小可的人物。秦王府的势力大到让东宫太子毫无安全感的地步，现在又派张亮这种小弟，到关东地区私自结交当地豪强，是要干什么？显然是准备在帝国都城玩政变，让嫡系小弟在关东地区招兵买马，响应自己啊。

这样说来，这件事就是两年前杨文干事件的翻版。

在杨文干事件中，太子建成突然身陷嫌疑，差点被废，罪名就是私募兵马！而此时的主角张亮，若干年后被李世民处死了，罪名也是私募兵马，实迹是他养了五百个干儿子。养干儿子，怎么就构成死罪了？李世民说：“张亮身为高级军政长官，收养这么多干儿子，不是想造反，又是想干什么？”

同理，齐王李元吉得知张亮受李世民委托，在关东地区招兵买马，马上就向李渊奏报张亮图谋不轨，而且幕后的主使是秦王。

因为有处理杨文干事件的经验，李渊对这种事的敏感度已经降低了，所以张亮被捉拿归案后，经过简单的审讯，就稀里糊涂地释放了。这种事，怎么看也就是太子、秦王相争太过激烈，互相诋毁罢了。虽然严格地说，他们的行为，肯定都是犯法的，但上升不到造反作乱的高度。

李世民自己也不讳言，他让张亮到洛阳，就是为了扩张自己的私人力量，只是他再三强调，自己并没有针对皇帝的意思，只为了防范一心迫害自己的太子、齐王。而当初杨文干事件被摆到桌面上时，太子建成也是用类似说辞为自己辩护的。两个儿子明争暗斗，李渊作为父亲，感到手心手背都是肉，实在不知如何是好了。

杨文干事件，之所以惊天动地，是因为在那段时间，李渊远离帝国都城，而且将中央政务暂时交由太子建成掌管。在这种情况下，突然听到太子造反的消息，他难免大吃一惊。更有甚者，杨文干面对李渊的征召，竟然敢武力对抗，所以李渊一时如临大敌。

张亮事件，之所以会稀里糊涂地了结，原因之一是李渊本人此时就在都城，而且太子、齐王也在都城制约秦王，李渊有自信可以掌控局势。原因之二是他派人拘捕张亮，张亮也马上归案了，在这种情况下，李渊就低估了这件事的意义。

但有一点是可以肯定的，太子建成、秦王李世民的矛盾已经不可调和。面对此情此景，李渊自然有一种说不出的恐惧，因为这样发展下去，一个弄不好，就有可能擦枪走火。

张亮事件，发生在武德九年（627）五月底。由于李渊的轻视，张亮于六月初一，被无罪释放。玄武们之变发生在什么时候呢？这一年的六月初四！只要看看这个简单的时间线，我们就可以知道，张亮事件不但是杨文干事件的翻版、升级版，还是它的成功版！甚至可以说，张亮事件直接推动了玄武门之变！

面对越来越难驾驭的李世民，李渊应该怎么做呢？他当时的上、中、下三策（我所说的上、中、下策，从来是按从激进到保守的次序排列的，并不是按优劣），大约是这样的：

上策，直接把李世民抓来杀掉算了！

因为李世民现在就是一个最危险的分子，他的存在，会让帝国随时发生内讧、分裂。当时的李元吉，就是这样劝李渊的。但是李渊对此，实在下不了决心。李元吉的观点很明确：“当断不断，必受其乱，有您后悔的那一天！”

中策，就是让李世民“之藩”，即把他排挤出中央政府。

明靖难之变后，汉王朱高煦自诩功高，窥伺太子之位，差点野心实现。明成祖晚年，感觉这样下去，有可能局面失控，就把朱高煦清理出了中央政府，这一举措为朱高煦的失败奠定了基础。在玄武门之变前夕，李渊一度计划这样做。

这个计划的好处是，太子、亲王并重的格局，还能继续维持，而且简单预测，还比较安全。但是这种安排，不但李世民不会接受，李建成、李元吉也不会接受啊。从后者的角度考虑：李世民坐镇地方，一旦扯旗造反，谁知道会是什么结果呢？这不是放虎入深山吗？而从前者的角度考虑：自己一旦坐镇地方，就意味着被排挤出了中央政府决策圈，以后会发生什么事，实在一点谱也没有。既然建成、世民、元吉都不接受，这个方案自然很快就胎死腹中了。

下策，就是全面瓦解秦王府的权力，然后让秦王带着尊荣的头衔、优厚的待遇退居二线。

张亮事件之后，唐高祖李渊正是按这个计划行动的，于是秦王府李世民的嫡系纷纷被调离。面对这一情形，李世民显然不会甘心，但是李建成、李元吉却非常乐见其成。简单推测，只要这个方案得以实施，秦王李世民的辉煌，就会变成历史。

但是很不幸，它直接催生了玄武门之变！

第二节　秦王出镇洛阳　胎死腹中的计划

李渊曾想让李世民坐镇洛阳，并且许诺："你到了洛阳后，整个关东地区都由你负责，允许你立天子规格的旌旗，一切仿效从前梁孝王的先例。"

为什么李渊要授予李世民这样大的权力呢？按传统史书的说法，自然是因为李世民的功勋震古铄今，李渊既然不能让他当太子，就只能这样补偿他了。

其实呢，这根本不是什么新鲜的玩法。

隋文帝曾经让汉王杨谅坐镇晋阳，允诺东至沧海，南到黄河，西至函谷关全归他管，准许他不用请示皇帝就可以做重大决策，随时可以突破法律的限制。由于汉王杨谅最终没有修成正果，所以读史的人都知道，他拥有如此巨大的权力，仅仅因为他是隋文帝的嫡子。

从前的梁孝王，之所以拥有那样大的权力，也只是因为他是汉景帝的同母弟，受到特殊照顾罢了。梁孝王最后没有修成正果，所以人们说起大汉帝国平定七国之乱时，总会觉得梁孝王在此过程中，一直都是成事不足、败事有余。事实上，如果李世民被李建成清理出局了，他的历史形象，肯定比这个梁孝王更不堪。当然了，如果梁孝王最后登上了皇位，史书肯定会说，如果没有梁孝王，大汉帝国就无法平定七国之乱了!

太阳底下没有新鲜事，在特定历史背景下，大家玩来玩去，也就那么些个玩法，并不是因为出了一个神功无敌、功勋盖世的李世民，才迫使李渊发明了这么个新玩法。

问题是，隋文帝杨坚也好，唐高祖李渊也好，为什么要让一个强势亲王，拥有这种随时会引发帝国分裂的巨大权力呢？让太子、强势亲王扎堆在中央政府明争暗斗，自然非常危险；让太子坐镇中央，强势亲王坐镇地方呢，难道就不危险了吗？

但危险归危险，那个时代的皇帝，其实并没有太多的选择，只能在几条都很危险的道路中选择一条他们所认为的，危险小一些的走。太子、亲王相制衡的权力格局，是他们万万不敢丢弃的。

隋文帝杨坚让汉王杨谅出镇并州，拥有关东地区全权，结果杨坚一死，帝国就发生了大规模的内战。由于这个教训非常深刻，当李渊让秦王李世民出镇洛阳时，大家都本能地表示反对。李建成、李元吉更是拼命反对。因为李渊这样做，大有“我死后，哪管洪水滔天”的意味。总而言之，我活着，控制你们兄弟三人构建起来的平衡，应该没有问题；至于我死后，你们兄弟几个谁吃了谁，就看你们的道行了。

如果剧情果真这样发展，对李渊来说，也没有什么可怕的，因为肉烂在锅里，肥水也没有流到别人田里。问题是，坐镇长安的太子建成、坐镇洛阳的秦王世民火并起来，结果有可能是两败俱伤，最后让外人捡了个现成便宜，到时大唐帝国也就二世乃亡了。如果坐镇长安的李建成、坐镇洛阳的李世民，为了取得这场决战的胜利，争相讨好突厥人，天知道会发生什么事？

太子建成作为帝国的合法继承人，自然不希望皇帝这样布局，因为这会让他以后即使爬上了皇位，也要面对太多不确定的因素。而李世民本人也不愿意接受这种安排，因为他一旦去坐镇洛阳，就等于被清理出了核心决策圈。现在，皇帝承诺你在关东地区享有巨大的特权，但是以后呢？如果皇帝感觉你的权力，威胁到了帝国的统一与稳定，自然会想尽办法削弱你。一个强势亲王离开中央政府，很容易陷入被动的。于是，李世民以不想离开父亲身边为由，拒绝了出镇洛阳的方案。

既然太子建成不接受这套方案，秦王李世民不接受这套方案，文武重臣也不接受这套方案，李渊的这个计划，也就无疾而终了。太子、秦王相争愈演愈烈的局面，究竟没有得到任何缓解。

前人难以逃过的宿命悲剧，又要在李氏皇族上演了！

第三节　魔鬼的交易　难逃的宿命

石虎当皇帝后，曾大言不惭地说："司马氏家族父子兄弟之间火并得一塌糊涂，致使帝国灭亡。我就纳闷了，共同生活在一个屋檐下的父子兄弟，怎么能像仇人一样呢？这种事，我实在无法想象，会发生在我们家里。"

但是很不幸，石虎的几个儿子，后来都成了不共戴天的仇人，并且都想干掉石虎。

隋文帝杨坚曾说：“以前的皇帝，都喜欢四处留种，他们的儿子，大都是同父异母，所以为了争权夺利，常常是一副不共戴天的样子。我和独孤后事实上一夫一妻，我这五个儿子，可是标准的一奶同胞，所以他们一定会相亲相爱的。”

结果呢？杨坚的五个儿子，也很快成了不共戴天的仇人，而杨坚自己，不明不白地死在了仁寿宫中。

刘裕爬上皇位后，一家人像疯了一样互举屠刀，父子、兄弟相杀是家常便饭，轮到叔叔动手时，常常是灭侄子满门的，于是刘氏家族死伤殆尽了。萧道成爬上了皇位，看到刘氏皇族的惨状，就告诫自己子孙，千万不要走他们的覆辙。但是很不幸，萧氏皇族后来也是骨肉相残得一塌糊涂。

前赵皇帝刘聪，俘虏了西晋末代皇帝后说：“你们一家骨肉，怎么自相残杀起来，那样疯狂啊？”他说这话的时候，大约是乌鸦落在了猪背上，还敢笑猪黑。因为刘聪的大哥刘和、二哥刘恭、六弟刘义，都是被他杀死的；他的四弟刘裕、五弟刘隆，则是被他大哥杀死的。就凭刘聪兄弟这种丧心病狂的互相杀戮，真有脸面嘲笑司马氏的骨肉相残？

现在有一个机会摆在你面前，只要你把握住了，就能成为时代的主角。但是你失败的概率很大，而且失败后，就会全家死光光。更可怕的是，就算你成功了，也需要付出代价，那就是你最亲近的人，以后都会变成不共戴天的仇敌。这个机会，你会把握吗？

李虎是唐高祖李渊的爷爷、西魏开国的八大贵族之一。他有八个儿子，没有发生骨肉相残的事；十多个孙子，也没有发生骨肉相残的事。但是自从李渊爬上皇位，骨肉相残的悲剧，就成了李氏家族的保留剧目。

李渊的长子建成、三子元吉、七子元昌、六子元景都被李世民或其子李治杀了。李建成、李元吉的十个儿子，被李世民“团灭”了。李世民的儿女们呢？太子承乾、魏王李泰、吴王李恪、齐王李祐，巴陵公主、高阳公主，驸马薛万彻、房遗爱、柴令武也都因为家族内讧，不能善终。而这种家族内讧，直接导致了大唐皇族的虚弱。

则天大圣横空出世，一通猛如虎的操作，直接把大唐皇族砍杀殆尽。如果没有意外，大唐帝国就灭亡了，因为当时的国号已变成了周。但是则天大圣终究是女人，一个女人，为了把老公家的财产全部转移到自己娘家，就把亲儿子、亲孙子全灭了，这终究不太可能。则天大圣虽然心如铁石，却在大唐帝国马上灰飞烟灭之际，终于犹豫了、止步了。于是已进入鬼门关的大唐帝国，又奇迹般地活了过来。

总的来说，相似的历史背景下，总会出现惊人雷同的故事。人的思想意识，很难超越历史的客观限定。所以在三国两晋南北朝隋唐的几百年时间里，带头大哥轮流坐，但是谁也难以跳出父子仇杀、手足相残的宿命轮回。

第十三章　退无可退　李世民背水一战

第一节　瓦解秦王府　玄武门之变进入倒计时

张亮事件后，李渊终于着手瓦解秦王府的势力了。虽说太子、亲王相争，双方都有过错，但是从法理上看，理屈的主要是秦王一边。李渊非常清楚，如果太子、秦王之中必须压制一个，他只能压制秦王，因为这是维护封建伦理所必需的。如果秦王夺储成功了，会释放一个非常危险的信号，那就是亲王只要努力就有机会夺储。这样，就算秦王登上皇位，也只是刚刚拉开家族内讧的序幕罢了。

在这种背景下，李世民的金牌打手尉迟恭，被李渊下令抓了起来；最主要的智囊房玄龄、杜如晦被调离了秦王府，而且李渊还警告他们，如果再敢和秦王私下往来，就要杀他们的头。一个更明确的信号是，随后有一个比较大的军事行动，李渊就让李元吉领衔了。借此机会，李元吉不断把秦王府的精兵强将，抽调到自己帐下。史书记载：

突厥郁射设入围乌城，建成荐元吉北讨，乃多引秦王府骁将秦叔宝、尉迟敬德、程知节、段志玄与行，又籍秦府精兵益麾下。帝知之，不能禁。（《新唐书·李元吉传》）

面对此情此景，谁也看得出来，这就是要瓦解秦王府了。如果没有意外，李世民以后不会有什么前途可言了；秦王府的核心成员，除了赶紧和李世民划清界限，似乎也没有什么路可走。而此时的太子建成、齐王元吉，更是开始公然强迫秦王府成员站队：一边是功名利禄，一边是带血的钢刀，你们可以随便选择。秦王府的嫡系骨干，都通过种种渠道，收到了各式各样的拉拢、威胁。

他们应该如何做呢？

接受这种拉拢、威胁，自然可以顺利过关。问题是，早早地缴械投降，会给他们带来一些明显的弊端。首先，这有可能成为他们一生的政治污点，日后的发展上限就不高了。其次，尘埃落定时，对方再让你揭发前老大的历史问题，你应该怎么做？对方给你的前老大编派各种耸人听闻的罪行时，你是应该辩白呢，还是随声附和？秦王府的骨干成员，一时都本能地拒绝了太子建成的拉拢与威胁。这多少等于向李世民纳上了投名状：我们为了忠于你，把自己的后路都断了，你就算不为自己考虑，也应该为我们考虑啊！

人爬到一定的高度时，常常会身不由己，因为他何去何从，常常关系着众多人的利益。就算他愿意接受失败的命运，他手下的小弟，也有可能胁迫着他继续向前的。

面对困境，如果小弟们都是一副爹死娘嫁人的样子，老大再有决心、勇气，恐怕也会一筹莫展的；至于小弟们一个不高兴，就砍下老大的头换富贵，就更啥也别说了。反过来说，如果小弟们的态度非常坚决，而且实力巨大，老大本人的态度是什么就不重要了。

“您现在退一步，并不只是您个人利益受损的事，我们的利益也会跟着断送了！当然了，我们的利益也不重要，重要的是，天下百姓都会跟着遭殃！”他们早准备好了一套大道理。有一个成语怎么说的？大义灭亲。就是为了天下苍生的利益，必要的时候可以杀老爸、兄弟、儿子……这种做法，圣人也是推崇的，史书也会称颂的。

李世民射翻了哥哥建成，逼退了老爸李渊，人们就觉得，这是李世民神功无敌的铁证，也是李渊无能透顶的铁证。其实，这种所谓的成功具有一定的偶然性，要不然，赵武灵王是怎么死的？赵武灵王是标准的一代雄主，写在历史书上，也是风光极了。他最初认为幼子好控制，于是就让幼子继承王位，自己当太上皇（时称主父），居中调控，在长子、幼子之间玩平衡。在幼子十五岁那一年，赵武灵王感觉幼子势力越来越大，有失控的可能，于是又试图提升长子的地位。这样一来，幼子当时就感觉这个老家伙要使坏了！这样发展下去，自己有可能一步步陷入困境的。于是一通快如风、猛如虎的操作，赵武灵王的长子很快被清理出局了。等赵武灵王意识到发生了什么事，已是叫天天不应、叫地地不灵了。他被困在一处院子里，渴了喝雨水，饿了啃点树皮，不上三个月就死了！真有人敢说，赵武灵王废柴一根，赵惠文王神功无敌吗？估计没有。因为翻开历史书，赵武灵王是完全可以与齐桓、晋文比肩称雄的君主。

李渊为什么要削弱秦王呢？传统史书给的答案，是李渊老糊涂了，所以听信李建成、李元吉、宠妃的谗言，要迫害忠义无双、功高盖世的李世民。其实呢，这只是皇帝感觉局面要失控时，所采取的一些必要措施。如果事情顺利，结果大约就是，秦王李世民被当作一颗闲棋放在一边。而太子、亲王相互制约的格局并不会改变，只是平衡的双方被调整为太子建成、齐王元吉而已。

虽说太子、亲王并重的格局，总是危机重重，反目是迟早的事，但是太子建成、齐王元吉目前的积怨还不深，矛盾也需要一个积累的过程，所以这种平衡暂时能稳住。等这种平衡再发生问题时，不妨把失势的秦王李世民再拉进来，或是再培养一个新的亲王，把过去玩过的游戏再玩一遍。李渊的如意算盘打得不错，但是他并不知道，秦王府已决心铤而走险了，玄武门之变已进入了倒计时阶段。

从某种意义上说，李渊晚年的命运不错，因为他虽然退位了，但是舞照跳，马照跑，好吃好喝好玩地又活了八九年，比赵武灵王幸运多了。但是从另一层意义上说，李渊比赵武灵王还凄惨。赵武灵王的结局再差劲，在历史书上也是比肩齐桓、晋文的一代雄主；而李渊的形象呢，比魏文（曹丕）、晋武（司马炎）这种躺赢的开国皇帝都要不堪。

第二节　蠢蠢欲动的秦王府

李渊瓦解秦王府的行动，大刀阔斧地展开后，李世民大约有两种选择：

第一种选择，以后夹着尾巴做人，主动向太子示好，希望对方看在兄弟一场的份上，和自己和平相处。

这种选择，怎么看也是前途一片黯淡。因为李世民曾经爬得太高了，走得太远了，就算他现在愿意低调，实力也不允许啊！就算他想远离猜忌，太子也忍不住要猜忌他啊！

第二种选择，破釜沉舟，背水一战。成功了就大小通吃，输了就领着自己的老婆、孩子、亲信共赴黄泉。

这种选择，其实也看不到什么出路。因为现在不止是太子、齐王联手对付秦王，而是皇帝、太子、齐王三家联手，在军事、政治资源上，具有压倒性优势。

可是，赌博最让人迷恋的地方就在于，赌局未完时，谁也不能说自己一定是赢家或输家。看似毫无希望的牌局，爆冷门的多了。当一个人担心将要失去权力时，是什么事都做得出来的。恐惧会让弱者屈服，也会让强者爆发出无限的潜力。

在玄武门之变中，李世民最主要的十个助手，后来都在凌烟阁上绘了像，他们是长孙无忌、高士廉、房玄龄、杜如晦、侯君集、张亮、尉迟恭、段志玄、程咬金、秦叔宝。其中有六个后来当了宰相，是长孙无忌、高士廉、房玄龄、杜如晦、侯君集、张亮。还有三个人，虽然没有成为宰相，却更加家喻户晓，即尉迟恭、程咬金、秦叔宝。至于李世民本人，就更不用说了，这次狂赌成功，使他成为中国历史上最著名的帝王。如果他们当时甘受摆布，还会拥有这一切吗？肯定是不能的。这就是赌博的诱人之处！

李世民这种超级牛人，在关键时候愿意狂赌一把，太子李承乾那种被史书写得一无是处的人物、齐王李祐那种让李世民一个回合就斩于马下的人物，在退无可退之际也想狂赌一把，关键是，同样有许多人愿意陪着他们一块赌。

侯君集是一个比较特殊的人物，在玄武门之变时，他跟着秦王李世民狂赌，于是人生达到了巅峰；贞观十七年他又跟着太子承乾狂赌，结果把此前赢来的一切又输光了！张亮也是一个比较特殊的人物，混到最后，竟然就因为养了五百个干儿子，被李世民认定为谋反，于是死于非命了。

在秦王府密谋政变的过程中，又有六个人被拉入了团队。他们的共同特点，就是出身比较低，资历比较普通，所以虽然是玄武门事变的主要参与者，而且后来都封爵郡公，成为“省军级”的高官，但是写在历史书上，也就是一两行字。他们是刘师立、公孙武达、独孤彦云、杜君绰、郑仁泰、李孟尝。

这六个人为什么会被拉入团队呢？大约因为他们都是精挑细选出来的格杀高手。能将李建成、李元吉一击毙命，是这场政变的成功保证，如果让他们逃走，李世民的这场豪赌，就算彻底失败了。要知道，拼实力的话，东宫、齐王府的势力加起来，比秦王府强大得多。如果李建成、李元吉有机会率领他们的军队杀回来，李世民的命运走向就不乐观了。

程咬金、秦琼等人呢？他们的突出表现是在随后的外围战中，因为杀掉李建成、李元吉，只是政变序幕的拉开，后面阻击东宫、齐王府反攻的战事更加激烈。出其不意地杀一个人很容易，但善后工作很难，顾前不顾后的结果，无非是与被杀者携手共赴黄泉罢了 。

第三节　成王败寇　青史留名

后人常常有一个错觉，那就是秦王府实力雄厚、人才济济，而东宫没有什么了不起的实力，更没有什么了不起的人才。其实呢？这只是成王败寇的表现罢了！如果李建成胜利了，史书介绍最详细的人物，自然就是李建成了，而紧紧追随在他身后的人，通常都可以混一篇传记的。在那种情况下，李世民出现在历史书中，恐怕也只有短短的一篇传记，而且所记也大都是丑化他的段子。他本人尚且如此，跟随他的小弟，又能留下几行字呢？这样一来，我们看历史时，难免就会觉得东宫系统实力雄厚、人才济济，而秦王府只有一些蝇营狗苟的人物。

这就好像秦末天下纷争，刘邦取得了最后的胜利，所以史书上的传记主角，大都是跟随刘邦打天下的人；跟着项羽混的人，想留一篇传记，是可遇不可求的事。在这种背景下，我们难免会觉得，刘邦手下人才济济，而且他非常会用人。问题是，如果项羽取得了胜利，史书中传记的主角，又会是什么人呢？自然都是项羽的人了！在那种情况下，跟着刘邦混的人，想在史书上留下一篇传记，也是可遇不可求了。

窦建德失败了，所以跟在他身后的人，就都只能从史书的夹缝中找了；如果刘邦在鸿门宴上被项羽结果了性命，他写在历史书上，估计也就是窦建德档次的角色。

英雄豪杰、智谋之士，各为其主，争得昏天黑地，很重要的一个原因，就在这里。对于他们而言，人生的目标就是青史留名。

第十四章　决战玄武门

第一节　为什么要在玄武门决战

谋杀的地点，为什么要选在玄武门呢?

因为李建成作为太子，身后永远有强大的直属卫队，且卫队成员，肯定都是精锐中的精锐，所以要一举击杀他，必须选一个他与直属卫队分离的地点、时机。

李建成在什么地方，会和自己的直属卫队分离呢? 答案只有一个，那就是皇宫大内!

虽然说，各种情报都显示李世民要火并李建成了，但是李建成的安保工作，也只能局限于皇宫外围，借他一千个胆子，他也不敢把直属卫队带到皇宫之内。

若干年后，唐玄宗的太子李瑛和另两个皇子就是因为率军队逼近皇宫而死的，虽然事后，人们都认为太子是被武惠妃构陷的，非常冤枉，但是带兵入宫这个事实本身，就让太子罪无可赦了。在这种事实面前，你就是口吐莲花，也只有死路一条。

李建成进入皇宫，必须与自己的武装力量分离；那么，李世民进宫，可以不与自己的直属卫队分离吗？肯定也不行。从这层意义上说，太子与秦王在玄武门的火并是公平的。问题是，如果玄武门的军事主管，被李世民收买了呢？

李世民敢在玄武门发动政变的底气，就来自于玄武门的军事主管常何，被他收买了。常何的地位虽然不高，但是在这种关键时刻，他的价值就非常大了。李建成之所以会落入圈套，就是因为他对于这个问题，实在太大意了。

因为简单地看，常何实在没有任何理由站在李世民一边。他作为皇宫重要门户的军事主管，虽然职务没有多高，但显然是皇帝信任的将领，何况，他和李建成也有一定的渊源关系。在这种情况下，常何只要稳扎稳打，前途就是可以确保的，而突然站在李世民一边，那可真是前途未卜的事。

第一，这种消息走漏了，常何全家被杀就是没有悬念的事。

第二，就算火并李建成成功了，李世民一定能控制住长安城吗？

第三，就算控制了长安城，李世民一定能控制大唐帝国吗？

李世民的嫡系，因为秦王一旦失势，既得利益就无法保证，所以有理由跟着李世民狂赌一把，常何显然不属于这种情况。

但是出人意料地，常何竟然站到了李世民一边。

李世民收买常何，就是这场狂赌中，最疯狂的一步棋。因为常何与李世民并无太深的利益捆绑，李世民失败了，常何不会损失半毛钱；而突然出卖李世民，那利益可实在太大了。

只要常何反水了，李世民就毫无翻盘的可能。因为常何如果把这个消息告诉李渊，李渊只要不动声色地，让常何继续陪李世民演戏就可以了。等到关键时候，常何突然亮出底牌，李世民就是死蟹一只了。再说了，常何出卖了李世民，政治上有污点吗？一丝一毫也没有啊。相反，他面对强势亲王的威逼利诱，毫不犹豫地拒绝参与阴谋，这写在历史书上，妥妥的就是正面形象啊。

问题是，李世民就是敢拉拢常何，常何还真接受了李世民的拉拢。处于李世民的位置，如果不玩险招，永远也看不到希望；而处于李建成的位置，则很难把这种小概率的事情也纳入考虑。

李世民之所以选择在玄武门发动政变，还有一个重要的原因，就是这里相对于皇宫拥有地形上的优势，控制了玄武门，就有机会一举控制中央政府。

从肉体上把李建成、李元吉清理出局是不够的，在随后的外围战斗中，按正常的剧情发展，李世民还是没有胜算。如果二府联手，把李世民清理出局，拥戴建成之子（太孙）接管东宫，他们的既得利益依然能够得到保证。后来东宫、齐王二府的军队之所以突然瓦解，并不是简单地因为看到建成、元吉的人头，而是因为李世民以玄武门为基地一举控制住李渊，并且成功迫使李渊接受了这个既成事实。如果李世民不能做到这一点，他前面玩得再好，也无非是拉着李建成、李元吉一块赴死罢了。

第二节　喋血玄武门

六月三日，李世民密奏高祖说："李建成、李元吉一直在给您戴绿帽子，而且给您戴了很多顶绿帽子，现在人们茶余饭后，说的都是这些事，就您一个人蒙在鼓里！"对于这种荒唐的密奏，李渊自然不会信以为真，有的只是说不出的悲哀，因为按他的理解，此时的李世民，多少有些失态，甚至是自暴自弃了。

李世民拿这种莫须有的、让李氏家族斯文扫地的宫闱隐私说事，除了会激化父子兄弟之间的矛盾，还能有什么结果呢？李渊虽然意图瓦解秦王的权力，到底是希望他平稳着陆的。而李世民此时此刻，做出这种低级幼稚的行为，似乎就是因为无法承受失败的打击，而自寻死路啊！为了三头六面把话说清，他下令李建成、李元吉、李世民，以及其他几个宰相，第二天（六月初四）都到皇宫议事。

李渊的想法对了一半，这一密奏确实是造谣，也确实是秦王因为不甘失败而捏造的，但秦王并没有丧失理智，而是故意卖了一个破绽，事态尽在他的掌控之中。

六月初四，在常何的配合下，李世民的十个小弟在玄武门做了埋伏。李建成、李元吉入宫后不久，就发现气氛不对劲，但是想逃跑已来不及了。李世民握有先机，所以一箭先射翻李建成，接下来，就开始和李元吉单挑。据说，李世民一度落了下风，在近身搏斗时，差点让李元吉用弓弦勒死。关键时候，尉迟恭冲了出来，很快把李元吉解决了。

这个时间非常短暂，而玄武门内的宫廷卫队，大都对李世民的密谋一无所知，面对此情此景，难免会大呼小叫。东宫、秦王、齐王三府的军队，现在都闻风而动了。东宫、齐王二府的军队加起来，实力远远超过秦王府，但是他们现在有些投鼠忌器，因为要反杀李世民，就需要先攻入玄武门，这样做难度就比较大了。

首先，玄武门是皇宫的重要门户，人们在进攻这种地方时，心里肯定是没底的。

其次，玄武门的宫廷卫队，会怎么做呢？如果他们本着保卫皇宫的职责，一心阻止外面的军队杀进来，东宫、齐王府的军队，一时半会还真束手无策。

最重要的是，玄武门的军事主管常何，已被李世民收买了，他现在只要假装保持中立，高呼保卫皇宫，就等于帮了李世民的大忙。

现在就看李渊的态度了，如果李渊的态度非常强硬，而且积极采取措施，李世民也会陷入被动的。因为他一旦宣布玄武门所发生的是叛乱，宫廷卫队、东宫、齐王府三家力量就会联手，李世民领衔的秦王府势力，就会受到碾压式的打击。但是李世民的行动非常迅速，李渊还没有弄清发生了什么事，尉迟恭已全副武装地杀了过来。

李渊问：“你这是要干什么？”尉迟恭说：“太子、齐王作乱，已被我们击杀了！秦王害怕乱兵惊动皇帝，所以派我前来护驾。现在皇宫、东宫、齐王、秦王府军队已乱成一锅粥，希望皇帝发一道敕令，让军队全部听从秦王号令。”面对此情此景，李渊顿时陷入了困境之中。

太子、齐王已被火并出局了，李渊就算反杀了李世民，好像也彻底输了，因为手心手背都是肉，两个儿子已经死了，现在他再杀了李世民，无非就是多死一个儿子罢了。关键是，他们父子这样火并下去，恐怕最后就是打翻了狗食盆，谁也没得吃了。李氏皇族因此崩了盘，也没有什么奇怪的。

李世民大约早已洞悉了李渊的困境，并且赌父亲处于这种困境中，不会选择和自己作对。因为事态发展到这一步，李渊也实在没有什么更好的选择了。

第三节　流水的皇帝　不变的世家大佬

大唐初期的历史，是采取李世民的视角写的，所以唐初的宰相，存在感都比较低。

大唐的真正开国皇帝是李渊，所以唐初的几个宰相都和李世民没有什么特殊关系。如果给这些宰相太多的特写，难免会削弱李世民的存在感。因为这样一来，人们很容易发现，李世民只是李渊时代的众多重要人物之一，他的地位之所以重要，只因为他是排行仅次于太子建成的李渊嫡子。

李渊时代，帝国最前排就坐的大哥级人物，分别是裴寂、萧瑀、陈叔达、杨恭仁、封德彝、宇文士及、窦抗、窦威、裴矩。这几个人的共同特点是什么？是任你皇帝姓张还是姓王，我们所代表的家族，都要在前排就座。

总的来说，李唐还没有走出贵族政治的时代，所以通常就是流水的帝国、不变的豪门，流水的皇帝、不变的世家大佬。李渊可以迅速统一天下，绝不是因为他有一个神功无敌的儿子，而是因为他在建立豪门贵族的政治大联盟时，比别人拥有更得天独厚的优势。

截至玄武门事变之时，李渊时代的宰相共十二个，其中李世民、李元吉是皇子，裴寂、刘文静是晋阳起兵元勋。我们再看看剩下那八个都是什么人。

萧瑀的老爸是梁明帝。他有一个姐姐很早就嫁给了晋王杨广，成了大隋帝国的皇后。这样一来，萧瑀就身兼两重身份：第一，他是江南豪门的代表人物。第二，他是大隋帝国旧势力的代表人物。这样的人物进入李渊集团，李渊自然不敢怠慢。虽然萧瑀在隋唐历史上的知名度很低，至少普通历史爱好者，通常不会知道还有这样一号人物，但他绝对举足轻重，甚至在凌烟阁上，也是排序靠前的。

陈叔达是陈宣帝的儿子、陈后主的弟弟，虽然陈朝灭亡了，但是陈氏家族在江南的影响力，也是非常可观的。

为了扩大统一战线，陈叔达自然得往最前排坐。

窦威的父亲是隋朝的太傅，往上数几代都是历朝的高级官员。

窦抗的父亲是大隋帝国的陈国公，母亲是隋文帝的女儿。有这样的家世，自然在大隋帝国混得风生水起，很快就成为封疆大吏。他的妹妹是李渊的原配，李建成、李世民、李元吉的亲妈，所以他在大唐帝国更是风光无限。

裴矩在隋炀帝时代，就是传说中的五贵之一。李渊当了皇帝，他还是宰相。李世民当了皇帝，八十高龄的裴矩死了，如果不死，肯定还是宰相级。

封德彝的祖爷爷在北魏时代是宰相级高官，父亲在北齐时代是宰相级高官。封德彝在隋炀帝时代，就是亲信重臣。李渊时代，他是宰相。李世民当皇帝，他还是宰相。

宇文士及是隋炀帝的女婿，在隋代已是位高权重。李渊当了皇帝，宇文士及是宰相。李世民当了皇帝，宇文士及还是宰相。

杨恭仁的爷爷叫杨绍，在北周时代历任八州刺史，爵位是邗国公；父亲是观德王杨雄，在隋文帝时代是四贵之一。杨恭仁是隋炀帝的亲信重臣，在李渊时代是宰相，在李世民时代依然前排就坐。

李渊成也由此，败也由此。

李渊自带强大的豪门背景，在创业阶段，通常根本不用打仗，仅仅靠别的大佬望风站队，就可以取得一系列重大胜利。然而这样的胜利，最大的后遗症，就是豪门贵族在帝国拥有的发言权太大。当然了，在那个时代，皇帝通常是靠这种方式上位的，谁也别觉得自己多神功无敌，你不能取得众多豪门的支持，再神功无敌也会被踢出局。

在三国两晋南北朝隋唐（安史之乱前），帝国忽生忽灭，皇帝被废被杀，被当傀儡，都是司空见惯的事。因为在那种时代背景下，一个人只要敢冒险抢班夺权，成功的概率实在太大了。豪门大佬通常并不关心谁当皇帝，甚至不关心帝国姓张姓王，只要他们家族的地位能保证，他们才懒得管皇权更迭呢！

第四节　进退失据　李渊接受既成事实

帝国前排就座的大佬，看到皇族内部大火并，自然都懒得去趟浑水。李氏皇族是爹当皇帝，还是儿子当皇帝；是哥哥当皇帝，还是弟弟当皇帝，对他们来说，并没有多大差别。在这种背景下，李渊想还击李世民时，就会感觉到一种说不出的孤立。

要知道，现在的秦王李世民和他的嫡系，已在玄武门上交了投名状，他们只能誓死向前杀出一条血路。面对这种亡命徒，那些豪门大佬，通常是不会计较的。这已让李渊丧失了还击的勇气。

更重要的是，这些豪门大佬，现在看着李氏皇族父子兄弟相残，都是一副事不关己的样子；但是真等李氏火并得无法收拾了，他们肯定都不是吃素的。因为翻看前朝历史，皇族相残的最终结果，通常就是帝国灭亡，再悲惨一些，皇族成员还会被胜利者集体拖上屠宰场。

想当年，周武帝宇文邕死后，小皇帝感觉宇文宪、宇文孝伯是最大的威胁，于是大刀迎头砍去。问题是，自己的叔叔、大爷不可信，外人就可信？

对于这个问题，曹植早就警告过他的侄子魏明帝，可是，魏明帝执迷不悟，结果呢，来自曹氏诸王的威胁没了，但是面对司马氏的渗透，曹魏帝国很快被和平演变了。

本来呢，杨坚是没有篡位机会的，因为周武帝死的时候，杨坚从哪个角度看，实力也得排在齐王宇文宪之后。事实上，正是因为宇文宪过于强大，所以小皇帝上台之后，要处心积虑地把他踢出局，还顺手清理了宇文孝伯。结果呢，当杨坚要篡位时，宇文皇族当时就傻眼了。最后，杨坚想到“斩草不除根，春风吹又生”的江湖名言，就把宇文皇族近支铲除得干干净净。

现在，李渊身边的军政大佬，一个劲地劝李渊息事宁人，也不是什么坏心，因为李渊父子继续火并下去，等待李氏皇族的，恐怕也是覆巢之下没有完卵的命运。

李世民敢发动政变，大约就是因为洞悉了前排大佬的这种态度。他很早就曾拉拢过李靖、李世勣，而李靖、李世勣的态度都很简单，那就是我们不会趟这种浑水的，这就是你们家庭内部的矛盾。因为李靖、李世勣的权力来源，与李世民无关。李靖虽然算不上什么真正的豪门贵族，但也绝不是普通人。他的祖父是刺史，父亲是郡守，舅舅更是隋朝名将韩擒虎。而且李靖一直以李孝恭的助手身份存在，所立战功，真不比李世民逊色。李世勣不是豪门大佬，却是乱世枭雄。在翟让时代，他是独当一面的大哥级人物；李密时代，他还是独当一面的大哥级人物；后来他被窦建德俘虏，窦建德依然让他独当一面；当然了，他投靠李渊后，也是军界最前排就座的大哥之一；李世民上位后，他还是在最前排就座；则大圣天出场后，他还是在最前排就座。以他们这种常青树的地位，是李渊当皇帝，还是李建成当皇帝，抑或是李世民当皇帝，自然没有多大的差别。

看到前排就座的大哥都是这种态度，李渊就只能接受眼前的事实了。

既然李渊接受了既成事实，宰相们也接受了既成事实，东宫、秦王府、齐王府之外的军方大佬都接受了既成事实，东宫、齐王府的军队，继续战斗下去，还有什么希望呢？

第十五章　尘埃落地

第一节　魏征受命　安抚关东地区

我们前面说过，关东地区的残局，是太子建成领衔收拾的，所以李建成在关东的影响力，非同小可。因此，李世民虽然取得了玄武门之变的胜利，但是对他来说，整个关东地区依然充满了不安定的因素。

六月初四，玄武门之变落幕。七月十日，在王珪的劝谏下，李世民颁布了一道赦令："在玄武门之变前，一个人不论为李建成、李元吉做过什么事，也是传说中的各为其主，对于这些人、这些事，任何人不得告发，否则一律反坐！"

李世民的态度很明确，就是希望东宫、齐王府的前属员，不要对历史问题有任何心理负担，更不要因为有所顾虑就选择继续和自己为敌。颁布这道赦令后，七月十一日，李世民就让魏征作为自己的全权代表，去安抚关东地区了。

应该如何处理东宫、齐王府的旧势力呢？李世民（从激进到保守的）的上、中、下三策，大约是这样排列的：

上策就是对东宫、齐王府来个大清洗。

这样操作的理由是现成的：太子建成、齐王元吉都是邪恶的化身，东宫、齐王府就是邪恶的渊薮，自然应该一网打尽了。李世民的嫡系小弟，持这种态度的人有很多，因为这样做最符合他们的利益。聚义大厅内，就摆了那么几把交椅，东宫、齐王府成员占太多了，秦王府就有很多人无法坐上；东宫、齐王府成员坐得太靠前了，秦王府有很多人就只能往后坐了。如果把他们全部清洗掉，就可以给秦王府旧属腾出更多的位置。当然了，这显然不是最优的选择。因为秦王府这样做，就等于把自己孤立了。

中策就是严厉打击一小撮。就算不能全部清洗，也得拣重点清洗一批吧！

这也是不可行的。因为当年支持李建成、李元吉最积极的人，就是薛万彻、冯立、谢叔方、魏征、王珪啊。李世民能清洗这些人吗？李世民还需要这些人帮助自己瓦解、整合东宫、齐王府势力呢。

下策呢，就是接受魏征、王珪的建议，从前的一切，一笔勾销，现在李世民取得了胜利，大家就应该团结在李世民的大旗下，共创大唐帝国的新辉煌。

哪种选择好呢？我一再表达过一个观点，在上、中、下三策的选择中，人们往往倾向于选择中策。

李世民虽然接受了魏征、王珪的建议，但是完全放弃历史恩怨，对他来说多少有些为难。就算他愿意，他的小弟也不愿意啊。因为这样阳光普照，秦王府的旧人一直紧紧跟随在他身后的价值，又体现在什么地方呢？

更有甚者，如果李世民一心拉拢东宫、齐王府的成员，还有可能给他们开出更优惠的条件，这样一来，这些人获得的政治利益，没准比一直紧跟李世民的人还要大。这岂不是真成了传说中的“早革命的，不如晚革命的；晚革命的，不如反革命的”？

于是，魏征进入关东地区后，竟然发现，还有大批东宫、齐王府旧成员，被人押解着进京。魏征对此的态度很明确：“必须把他们放了！因为在我出行前，新太子就允诺过，他绝不会追究前东宫、齐王府成员的历史问题。”

其实呢，李世民颁布的大赦令，是有保留的。是的，玄武门之变前，东宫、齐王府旧部的历史问题，任何人不得追究。但是，玄武门之变后，这些人会不会因为侥幸或恐惧心理，继续反抗呢？要知道，玄武门之变发生在六月初，现在都是七月中旬了，在过去的一个多月时间里，东宫、齐王府的旧属，大都不积极向李世民投诚，他们在干什么，谁敢保证？有些人在玄武门之变后，仍然从事颠覆活动，人赃俱获，难道也不能追究？

但魏征告诉他们，统统不许追究。面对魏征这种强硬的态度，押解人员自然只有把东宫、齐王府的成员，全部释放。

魏征的行为，多少有点嫌疑。别人会觉得，他作为李建成曾经的死党，无限袒护李世民的敌人，是不是别有用心？魏征之所以是魏征，就是因为他有这种敢做敢当的气魄，他向东宫、齐王府成员传递了一个非常明确的信息：我魏征以人格担保，李世民绝不会追究大家从前的过错；如果李世民言而无信，我就是死，也会替大家讨个说法的！

魏征虽然名声很大，但是因为出身比较低，所以级别一直不高。玄武门之变前，他只是太子洗马，一个从五品的官员罢了；现在他以谏议大夫的身份安抚河北，官阶还是从五品。如果魏征停留在这个级别，恐怕后人也只能在历史书的字缝中找到他的名字了。魏征之所以是魏征，是因为他后来成了大唐帝国最著名的宰相。

贞观年间，魏征的江湖地位一直非常高，自然是因为他智慧过人、敢于任事，更重要的原因，恐怕还是他作为原东宫的旗帜人物，充当了李世民“统战工作”中最重要的棋子。

第二节　秦王称帝　英雄重新排座次

东宫、齐王府的势力被瓦解后，李渊再想制约李世民，就失去了可能。八月八日李渊下诏书要传位给李世民，李世民听到这个消息，坚决拒绝。但是，李渊的态度更坚决了，于是太子李世民就变成了大唐第二任皇帝。

到此为止，玄武门之变似乎称得上尘埃落地了，但是这一事变的阴影，此时还没有完全散去，因为太子李建成、齐王李元吉曾经的影响力实在太大了，曾经站在他们一边的人也实在很多，李世民必须得给他们个说法。

在这一背景下，九月二十四日，唐太宗李世民亲自主持召开了一场大会。这场大会要解决的问题，就是英雄排座次！这可是个大问题，因为大家把脑袋别在裤腰带上，玩命搏杀了这么久，就是为了这件事啊。

大家默认李世民谋杀建成、元吉合法，默许李世民取代李渊，就是因为他们相信自己的座次不会因此下滑，甚至还有上升的可能。李世民能不能坐稳皇位，需要看他在英雄重排座次时，能不能让大家满意。

因为皇权政治的宣传，我们总以为皇权非常神圣，做了皇帝说一是一，说二是二，其实呢，如果小弟们对他不满意，皇帝下台，也就是分分钟的事。尤其在那种皇权更迭频繁的时代，哪个皇帝都是如履薄冰的。因为小弟们突然达成了某种默契，皇帝被人砍翻在地，踢到台下，或是供起来当傀儡玩的，伸出两只手加上两只脚，也数不过来啊。

据统计，中国历史上有五百五十九个帝王，其中一百八十三个是死于非命的！从这个统计数字中，我们大约可以知道，帝王是意外死亡率最高的职业，没有之一。

一个政治人物，所谓的能力高低，主要就体现在你能让多少人支持你。如果大家都支持你，你就是手无缚鸡之力，一言一行也可以让天下变色；如果大家都不支持你，你就是会吸星大法，还握有三尸脑神丹，又能控制多少人呢？虽然小弟手中无票，但是小弟会拿脚投票；大厅门口没有放投票箱，但是大家可以在密室中进行各种串联。

在童话故事中，臣子会因为思想道德而忠于皇帝，其实呢，臣子是否忠于皇帝，永远是受制于利害关系的。臣子不敢造皇帝的反，是因为绝大多数人都支持皇帝，在这种背景下，你造皇帝的反，那就是传说中的与人民为敌了。关键是跟着皇帝好好混，功名地位都有，为什么要冒着死全家的风险造反呢？反之，支持皇帝的人很少时，谁会把皇帝当回事呢？太后身后的支持者多，大家就都听太后的；丞相身后的支持者多，大家就都听丞相的；大将军身后的支持者多，大家就都听大将军的。在这种情况下，皇帝千万不要不服，不服的结果，一块有毒的肉饼、一杯有毒的美酒、三尺白绫、一柄长剑，随时降临。

英雄排座次，和老百姓家分猪肉差不多。遥想当年，陈平在老家经常主持分肉，通常能让大家都满意。面对此情此景，陈平就说了："如果有一天让我操刀宰割天下，我也会把它玩得如同这块猪肉一样！"

大家千万别以为分猪肉很容易。因为猪肉有五花肉，有肥膘肉，还有精瘦肉；有前腿后腿，还有头蹄下水呢。关键这还不是每人几斤几两均分的事，有身份、地位、辈分的人还得多分点，而且人还有个亲疏远近，你把方方面面都照顾到了，那情商智商，可真是不一般。

英雄排座次，也是如此。你把它排好了，皆大欢喜；排不好，血溅五步都是小事，血流成河也是有可能的。如果某个人不服你，你可以收拾他；如果大家都不服你，被收拾的就是你了。

当然了，每次英雄重排座次，总会出现一批新贵，也会损害一些人的既得利益。有一些人出现不满情绪，甚至撸胳膊挽袖子地往前挤，在所难免；事后有人发一些牢骚，更是在所难免。

这次大会，最让一些人不满意的，是李世民的嫡系小弟排名太靠前。

时太宗谓诸功臣曰："朕叙公等勋效，量定封邑，恐不能尽当，各自言。"神通曰："义旗初起，臣率兵先至，今房玄龄、杜如晦等刀笔之人，功居第一，臣且不服。"（《新唐书·宗室列传》）

这种质疑，李世民委婉而不失强硬地顶了回去，因为他的嫡系小弟把头别在裤腰带上，陪他狂赌成功了，他们不往最前排坐，谁往最前排坐呢？这个原则性的问题，是没有讨价还价余地的。

总的来说，这只是排座次时的一个小插曲。这一争执由淮南王李神通引起，因为李世民有理有利有节的回应，在不伤和气的氛围中平息了。

这次大会后，传播得最多的一些牢骚怪话，是由太子李建成、齐王李元吉的旧部排名太靠前引起的。有些人认为自己追随皇帝，已经很多年了，现在竟然排在东宫、齐王府旧人后面，咽不下这口气。

房玄龄尝言：“秦府旧人未迁官者，皆嗟怨曰：‘吾属奉事左右，几何年矣，今除官，反出前宫、齐府人之后。’”（《资治通鉴·唐纪八》）

面对这种论调，李世民暗自满意，因为这类牢骚，事实上对冲了前一种不满情绪。

在这种背景下，李世民发表了一通治国大道理：

王者至公无私，故能服天下之心。朕与卿辈日所衣食，皆取诸民者也。故设官分职，以为民也，当择贤才而用之，岂以新旧为先后哉！必也新而贤，旧而不肖，安可舍新而取旧乎！今不论其贤不肖而直言嗟怨，岂为政之体乎！（《资治通鉴·唐纪八》）

李世民在英雄排座次中的做法与态度，意味着大唐帝国的权力分配正式以李世民的嫡系为核心进行，再也没有东宫、秦王府、齐王府的分别了，现在大家已然变成了一个团结在唐太宗大旗下的整体。

到此为止，玄武门之变的尘埃总算落地了，大唐帝国也揭开了新的篇章！

本书大事年表

大业九年 公元613年

八　月　李渊任弘化郡留守，统率关右十三郡兵马。

大业十一年 公元615年

四　月　李渊任山西河东道抚慰大使。

大业十二年 公元616年

十二月　李渊任太原留守，镇压甄翟儿起义军，抵御突厥的威胁。

大业十三年 公元617年

五　月　李渊发动晋阳兵变，拘捕王威、高君雅，宣布起义。

六　月　李渊自称大将军，建大将军府，以裴寂为长史，刘文静为司马，李建成为陇西公、左领军大都督，李世民为敦煌公、右领军大都督，柴绍为右领军府长史。

七　月　李元吉任太原留守。

李渊率三万大军从晋阳出发。

八　月　李密攻打东都洛阳。隋炀帝调派庞玉、霍世举率领关中军队救援；稍后又派王世充率领江淮精锐军队救援。

十五日，李渊率军抵达龙门。

十八日，孙华降李渊。

九　月　初八，冯翊郡降李渊。

初十，靳孝谟、李孝常等降李渊。

十二日，李渊率军渡过黄河，与李氏、段纶、丘行恭等会师。

二十六日，隋军主力与李密战于洛阳。

十　月　李渊攻克长安。

十一月　李渊拥代王杨侑为帝，遥尊在江都的隋炀帝为太上皇。

李建成封唐国公世子，李世民封秦公，李元吉封齐公。

十二月　李孝恭击败朱粲。巴蜀三十余州降李渊。

詹俊、李仲衮席卷巴蜀。

武德元年　公元 618 年

三　月　初四，李元吉拜镇北将军、太原道行军元帅，都督十五郡诸军事。

十二日，宇文化及于江都弑隋炀帝。

四　月　二十三日，李渊称相国。

二十八日，窦抗率灵武、盐川等郡兵马降。

五　月　二十二日，李渊称帝，定国号为唐。

六　月　李建册封皇太子，李世民封秦王，李元吉封齐王。

七　月　李世民与薛举战于泾州，败绩。

八　月　李轨降唐，封凉州总管。

薛举死，子薛仁杲继位。

十　月　李密败于洛阳，降唐。

十一月　李世勣经魏征游说降唐。

李世民大败薛仁杲，平定陇右。

十二月　罗艺降唐，封幽州总管。

武德二年　公元 619 年

正　月　秦叔宝、程咬金降唐。

四　月　刘武周引突厥兵犯边。

五　月　安兴贵生擒李轨，河西平定。

七　月　徐圆朗降唐。

罗士信降唐。

八　月　杜伏威降唐。

十　月　李世民率军讨伐刘武周。

武德三年　公元 620 年

三　月　东海、齐郡、东平、任城、平陆、寿张、须昌等地降唐。

四　月　李世民大败刘武周。尉迟恭降唐。

七　月　李世民率军讨伐王世充。

九　月　田瓒献二十五州降唐。

时德叡献七州降唐。

十　月　高开道降唐，赐姓李，封北平郡王。

十二月　初三，许、亳等十一州降唐。

三十日，王君廓攻占虎牢关。

武德四年　公元 621 年

三　月　窦建德率军救援王世充，屯兵成皋。

五　月　李世民于虎牢关破窦建德军。

王世充降唐。

八　月　刘黑闼叛，徐圆朗举兵响应。

九　月　李孝恭、李靖出兵讨伐萧铣。

十　月　萧铣降唐。

李世民受封天策上将，拜司徒。

李元吉拜司空。

十二月　李世民率军讨伐刘黑闼。

武德五年　公元 622 年

三　月　李世民大败刘黑闼，刘黑闼逃亡突厥。

四　月　李世民班师回京。

八　月　李渊命李建成从幽州道，李世民从秦州道出兵抵御突厥。

十　月　刘黑闼再次席卷关东地区。

十一月　李渊命李建成率军讨伐刘黑闼。

武德六年 公元 623 年

正　月 刘黑闼被处死。

八　月 李孝恭、李靖、黄君汉、李世勣分兵四路围剿辅公祏。

九　月 李建成平定山东，班师回京。

武德七年 公元 624 年

三　月 李孝恭、李靖击破辅公祏，平定江南。

六　月 李建成被指控勾结杨文干谋反，赴仁智宫请罪。李渊下令流放东宫的王珪、韦挺，秦王府的杜淹。

武德八年 公元 625 年

正　月 裴寂拜司空。

二　月 李元吉拜司徒。

六　月 张亮被拘捕，随后释放。

四日，玄武门之变发生。李世民率领长孙无忌、尉迟恭、侯君集、张公谨、刘师立、公孙武达、独孤彦云、杜君绰、郑仁泰、李孟尝于玄武门设伏，诛杀李建成、李元吉，并胁迫李渊承认其太子地位。

七　月 魏征受命出使关东地区。

八　月 李世民登基，尊李渊为太上皇。

十　月 李世民为李建成、李元吉举行葬礼。